JN240082

 M&A Booklet

投資銀行、FAS、PE、VCを網羅

「M&A業界」
パーフェクト
キャリアブック

ヤマトヒューマンキャピタル株式会社
代表取締役

堀江 大介 〔著〕

中央経済社

M&Aブックレットシリーズについて

　私は約30年間M&Aの世界に身を置いている。

　この間、国内外のさまざまな企業による多くの実例が積み上がり、今では連日のようにM&Aに関連する報道が飛び交っている。一方で、「M&Aってどんなこと？」と敷居の高さを感じる方も多いのではないだろうか。

　本シリーズはこの現状に一石を投じ、学生や新社会人からM&A業務の担当者、さらにアドバイスする側の専門家など、M&Aに関心のあるすべての方々にご活用いただくことを念頭に、「M&Aの民主化」を試みるものである。

　本シリーズの特徴は、第一に、読者が最も関心のある事項に取り組みやすいよう各巻を100ページ前後の分量に「小分け」にして、M&A全般を網羅している。第二に、理解度や経験値に応じて活用できるよう、概論・初級・中級・上級というレベル分けを施した。第三に、多岐にわたるM&Aのトピックを、プロセスの段階や深度、また対象国別など、テーマごとに1冊で完結させた。そして、この"レベル感"と"テーマ"をそれぞれ縦軸と横軸として、必要なテーマに簡単にたどり着けるよう工夫をこらしてある。

　本シリーズには、足掛け5年という構想と企画の時間を費やした。発刊に漕ぎ着けたのは、ひとえに事務局メンバーの岩崎敦さん、平井涼真さん、堀江大介さんのご尽力あってこそである。加えて、構想段階から"同志"としてお付き合いいただいた中央経済社の杉原茂樹さんと和田豊さんには、厚く御礼申し上げる。

　本シリーズがM&Aに取り組むさまざまな方々のお手元に届き、その課題解決の一助になることを願ってやまない。

シリーズ監修者　福谷尚久

はじめに

　近年、M&Aという言葉が毎日のように紙面をにぎわせています。レコフデータによると1985年以降、M&Aの年間件数は、増減はありつつも右肩上がりのトレンドが続いています（**図表0-1**）。それにともないM&A関連職種の採用人数が増加し、就職・転職マーケットでも注目を集める業界となりました。

図表0-1：1985年以降のマーケット別M&A件数の推移

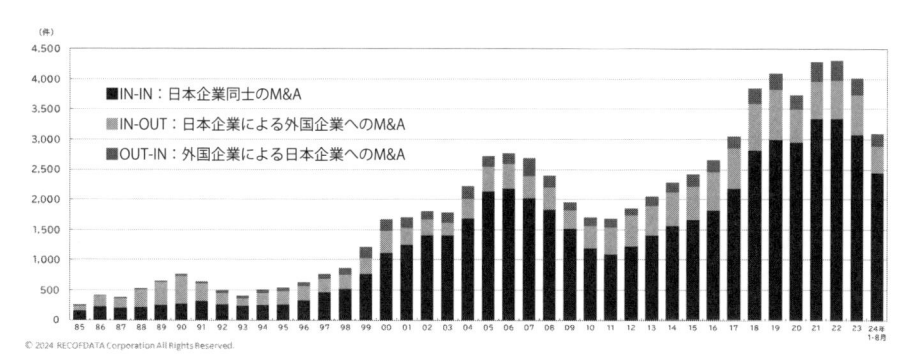

出所：https://www.marr.jp/menu/ma_statistics/ma_graphdemiru/entry/35326（レコフデータ）

　M&A業界をキャリアの観点でみると、職種が複数の業界に点在しており全体感が見えづらいという特徴があります。投資銀行やFAS（ファイナンシャル・アドバイザリー・サービス）のM&Aアドバイザリーチームはまだわかりやすいのですが、自動車メーカーの投資担当としてM&A業務に関わる方も、PEファンドやベンチャーキャピタルで事業投資を行う方も、広義のM&Aプレイヤーといえます。そして、これらの業界を往来しながらキャリアを作る方が非常に多いのが、"M&Aセクター"（あえてそういうくくりで呼んでみます）の１つの特徴です。業界全体をキャリアの観点で俯瞰的に捉えることができれば、皆さんのキャリアの可能性が広がり、また現職に残る場合も今の仕事に納得感が生まれ、より業務に集中できるのではないかと思います。

　本書の目的は、M&A業界に関心のあるビジネスパーソンや学生が業界を俯瞰し、M&A関連職種を横断的に捉え、理想のキャリアを作るための手助けになることです。

　第１章では、M&A業界を俯瞰しながら各プレイヤーの業界動向、業務内容、

報酬制度などを解説します。

第2章では、各プレイヤーへ就職・転職する方法、そしてその後のキャリアの可能性を探ります。

第3章では、実際にその仕事を経験した先輩たちに業界の実情を赤裸々に語っていただきました。

第4章では、1〜3章を踏まえてM&A業界のキャリアをスタートするためにまず何から始めればよいか、具体的な行動について解説しています。

私は現在、M&Aやファンド、コンサルといったファイナンスや経営領域に特化した転職エージェント会社を経営しており、これまで1,000名以上の転職相談を受け、本書がカバーするすべての業界への採用・転職支援をしてきました。

手前味噌ですが、業界全体を俯瞰的に捉えやすい立場にいるため、これまで得た情報を本書に記すことで読者の仕事選びの一助となれば幸いです。

ヤマトヒューマンキャピタル株式会社　堀江大介

目次

第2章　M&A業界で活躍するためのキャリア戦略

第 1 章

M&A業界とは？

1 どこからどこまでがM&A業界？

　一般的に「M&A業界に在籍している」といえば、"M&Aの検討開始から実行までをサポートするM&Aアドバイザリー職" をイメージすることが多いと思います。しかし広義に業界を捉えると、自動車メーカーで海外の部品メーカーの買収を実行する担当者や、PEファンドで働くファンドマネージャーも、M&A（企業の合併や買収）に携わっていますので同業の "プレイヤー" といえるでしょう。

　またプレイヤーの間でも、M&Aアドバイザリー業務を経験した方がPEファンドに転職したり、事業会社で投資銀行のアドバイザーのサポートを受けながらM&Aを遂行していた担当者が、多彩な案件への関与や給与に魅力を感じて逆に投資銀行への転職を目指したりするなど、業界をまたいだキャリアアップが非常に多いのがこの領域の特徴です。

　本章では将来のキャリアを俯瞰的・戦略的に考えられるよう業界を広義に捉え、M&Aを行う会社（投資会社や事業会社）とそれらをサポートするプロフェッショナルに分けて、それぞれのプレイヤーの特徴を見ていきます。

2 各プレイヤーの実態を探る（業界概観、業務内容、報酬解説）

　このセクションではM&A業務に関わる下記6つのプレイヤーを「業界概観」「業務内容」「業界の報酬」という視点から解説していきます。

- （1）投資銀行
- （2）ファイナンシャルアドバイザリーサービス（FAS）
- （3）M&A仲介
- （4）PEファンド
- （5）ベンチャーキャピタル
- （6）事業会社M&A担当

　まずは事業会社やファンドがM&Aを行う際に起用する、（1）～（3）のアドバイザー（セルサイドと呼びます）というプレイヤーから解説を進めていきましょう。

（1）投資銀行

①投資銀行業界概観

「投資銀行」には「銀行」という名がついていますが、実態は証券会社と言っていいでしょう。その中でも、資金調達やM&Aの支援を生業とする法人向け（ホールセール）の証券会社が通称「投資銀行」と呼ばれています。日本で事業を行う主要な投資銀行は**図表1-1**のとおりです。

図表1-1：代表的な投資銀行

日系	米系	欧州系
野村證券	ゴールドマンサックス	UBS証券
大和証券	JPモルガン証券	BNPパリバ証券
SMBC日興証券	BofA証券	ドイツ証券
みずほ証券	シティグループ	バークレイズ証券
三菱UFJモルガンスタンレー証券		

　日系、米系、欧州系に分けられ、それぞれの特徴を生かして競争を繰り広げています。日系投資銀行は組織規模が大きく幅広いクライアントをカバーできるため、案件規模やセクターにかかわらず広く多様なクライアントを支援しています。一方で外資系投資銀行は少数精鋭で、規模が大きく収益性の高い案件にフォーカスする傾向があります。

　続いて、投資銀行の主なサービスラインを見ていきます。

　投資銀行の2大業務は「M&A」と「資金調達」です。さらに資金調達は、株式（エクイティ）による調達と債券（デット）の発行によるものに分かれます。株式の場合は、"新規上場（IPO）"によって初めて一般投資家から資金調達する方法と、上場している会社が投資家に対して新株を発行して資金調達する"公募増資"があります。IPOによる資金調達は、「公開引受部」という部署が担当し、公募増資の場合はエクイティ・キャピタル・マーケッツ（ECM）という部署が担当します。そして債券による調達の場合は、デット・キャピタル・マーケッツ（DCM）が担当部署です（**図表1-2**）。

図表1-2：投資銀行の主要な部門とソリューション

部門	ソリューション
M&Aアドバイザリー部門	企業や事業の合併・買収、売却における戦略的アドバイザリーおよび実行支援、M&Aの検討および実行の際のデューデリジェンス（調査・分析）支援を行う部署です。
公開引受部門（IPO）	IPO（Initial Public Offeringの略語）は日本語で「新規公開株式」と訳され、証券取引所に上場し、会社の株を広く投資家に売り出し、誰でも株取引ができるようにすることを指します。公開引受部門は、上場するための体制構築や資本政策、証券取引所審査対応などの支援を行う部署です。
エクイティ・キャピタル・マーケッツ部門（ECM）	上場会社は、株式を新たに発行し株式市場の投資家に購入してもらうことで資金調達を行う（公募増資といいます）ことができます。株式市場から公募増資を行う際の一連のアドバイザリー業務を行うのが"エクイティ・キャピタル・マーケッツ"、通称ECMという部署です。
デット・キャピタル・マーケッツ部門（DCM）	デット・キャピタル・マーケット部門はECMと近い機能を持つ部署ですが、資金調達の手法が株式ではなく債券（会社が発行する債券ですので社債と呼びます）である点が異なります。債券による資金調達の最大の特徴は、株式によるファイナスと異なり、投資家に金利をのせて借入金を返済する必要がある点です。それらをサポートするのが"デット・キャピタル・マーケッツ"、通称DCMと呼ばれる部署です。

②投資銀行の業務内容

ここでは投資銀行業務の中でも、M&Aアドバイザリーに焦点を当てて解説していきます。

投資銀行の業務の流れは**図表1-3**のとおり、"オリジネーション"と呼ばれる案件創出フェーズと、"エグゼキューション"から"クロージング"までのM&Aの実行フェーズに分かれます。

その後の経営統合フェーズは、FASやコンサルティングファームが関与するケースはありますが、投資銀行ではサービス範囲外です。

それぞれのM&Aのフェーズで行う業務内容が変化するので、日系投資銀行は業務効率を上げ、多くのクライアントをカバーできる体制を作るために分業制をとる会社が多いのが特徴です。具体的には、案件創出がミッションのカバレッジ担当と、案件遂行・成約がミッションのプロダクト担当にチームが分かれていま

図表1-3：投資銀行_業務の流れ

担当部署	カバレッジ担当	プロダクト担当		投資銀行関与なし
フェーズ	オリジネーションフェーズ	エグゼキューションフェーズ	クロージングフェーズ	統合（PMI）フェーズ
アクション内容	M&A戦略の策定 対象売り手企業のサーチ 売り手企業へのアプローチ 秘密保持契約締結	基本合意書締結 取引ストラクチャー検討 デューデリジェンス 事業計画/財務モデリング バリュエーション	最終契約交渉 最終契約	買収企業自身が実施 コンサルティングファーム、FASなどが支援することも

出所：著者作成

す。

　一方で外資系投資銀行は、大型かつ収益性の高い案件しか扱わないため、業務を分けずにオリジネーションからクロージングまで、一気通貫でクライアントをサポートすることが多いです。少ない人数で一部の収益性の高い案件にリソースを集中させることから、日系投資銀行よりも外資系投資銀行のほうが報酬が高くなります。

　それぞれの業務内容をもう少し補足すると、カバレッジ担当は企業がM&Aや資金調達を行う際にアドバイザーとして選んでもらうために、日々CxOや担当者と、市場や経営戦略について情報交換を行っています。一方プロダクト担当は、カバレッジ担当の努力が実り、アドバイザーとしての契約が締結されディールが動き出すタイミングから活動開始です。

　カバレッジ担当はM&Aや各種資金調達などの知見を広く理解し、クライアントとコミュニケーションを取る必要があり、プロダクト担当はクライアントに提案するソリューションを深く理解し、領域の専門家として業務を遂行することが求められます。ただし、プロダクト担当も役職が上がると、案件の遂行だけではなくカバレッジ担当と同席して、一緒に案件を獲得する動きが求められていきます。それができないと、一定以上の役職に上がれないケースも見受けられます。

③投資銀行業界の報酬と年収水準

　ここからは、投資銀行業界の報酬についてみていきましょう。

　投資銀行ビジネスの収益モデルは、成果報酬要素が非常に強いのが特徴です。年ごとに部門や個人の業績が大きくぶれることが多いため、それに連動して賞与も上下します。

　株式や債券による資金調達支援のアドバイザリー業務の報酬は、一部を固定のコンサルティングフィーとして受け取ることもありますが、メイン報酬は「資金調達額の数％を受け取る」という成果報酬モデルです。同じくM&Aに関しても、リテイナーフィーとして固定報酬を受け取りつつ、やはり大きな報酬獲得ポイントは、「成約額の数％」を受けとる成果報酬フィーです。

　このように投資銀行ビジネスは非常に業績が変動しやすいため、それにともない働く人の年収も大きくぶれる傾向があります。

④収入の高さは"米系＞欧州系＞日系"の順？

　投資銀行は、他のプレイヤーと比較して極めて年収水準が高く、その中でも、米系投資銀行＞欧州系投資銀行＞日系投資銀行の順で年収が高い傾向にあります。外資系投資銀行は、年収が高い分だけジョブセキュリティは低く、業績が悪いと解雇される可能性が高い雇用体系になっています。"リーマンショック"が起きた2008年の頃は、まさにそのような状況になり、外資系投資銀行をレイオフさ

れたバンカーが日系投資銀行に移ったり、当時非常に業績が好調だったメガベンチャーの財務部門に転職したりと、いろいろな動きがありました。

投資銀行の年収は、会社と個人の業績によって大きくぶれるため、具体的な数字で示すのは難しいものの、多くのプロフェッショナルに直接インタビューをしてきた経験から、**図表1-4**のレンジに収まっていると考えられます。

図表1-4：投資銀行_年収モデル例

職位	日系投資銀行	外資系投資銀行
アナリスト	500〜1,300万円	800〜2,000万円
アソシエイト	800〜1,500万円	1,500〜4,000万円
ヴァイスプレジデント	1,200〜3,000万円	2,000〜6,000万円
ディレクター	2,000〜5,000万円	3,000〜8,000万円
マネージングディレクター	4,000万円〜1億円以上	8,000万円〜数億円

⑤労働環境

昨今の、いわゆる「働き方改革」の波は投資銀行業界にも影響を与えており、業界関係者からは、以前と比べると働き方がかなりマイルドになったと聞きます。

一方で、クライアントからの期待水準は落ちていないため、納期の苦しさが一層増しており、むしろ以前のように際限なく働ける環境を求めている向きも多いように感じます。外資系投資銀行は、本国のベースサラリーの水準が上昇傾向にあることから、日本での報酬水準も上がっています。以前より残業はいく分か減ったものの、報酬は落ちていないため、「今の若手はかなり良い条件で働いているので退職者が減ったなぁ、俺たちのときは…」という幹部の嘆きを耳に挟むこともあります。

(2) ファイナンシャル・アドバイザリー・サービス（FAS）

ここから投資銀行と同じくM&Aアドバイザリー業務を行うファイナンシャル・アドバイザリー・サービス（FAS）について述べます。

①FAS業界概観

FASはファイナンシャルアドバイザリーサービスと呼ばれる財務や経営に関す

るアドバイザリーや実行支援を行うプロフェッショナルファームです。昔ながら
の日本の呼び方でいいますと会計事務所に近い領域です。FASの中にはM&Aアド
バイザリー業務に加え、PMIや事業再生コンサルティングなど幅広いソリュー
ションがあります。本書では、その中のM&A関連職種に焦点を当て解説します。

　投資銀行とFASのM&Aアドバイザリーチームの業務内容はかなり近いですが、
働く人にとっていくつか異なる点がありますので、**図表1-5**をご覧ください。

　昨今はクライアントの課題が多岐にわたり、また「M&Aは、買う前の戦略と
買った後の統合をいかに成功させるかが重要だ」という認識が事業会社に広がっ
ていますので、FASのようなワンストップ経営支援ができるアドバイザーはクラ
イアントにとって重要なパートナーといえます。

図表1-5：FASと投資銀行_サービスの違い

	サービスライン	クライアントの幅
投資銀行	投資銀行は株式や債券による資金調達とM&Aが主たるサービス。M&Aを含め、次なる成長のためのファイナンスまでサポートできる点が特徴。FASにはその機能はない。	外資系投資銀行はもちろん、日系投資銀行においても中堅企業以上の規模の大きな会社がクライアントとなる。
FAS	FASは、M&Aをするか否か検討段階のフェーズから経営戦略面のサポートを行うM&A戦略チームや、M&A後の経営統合支援コンサルティングなどディール前後のサポートができる点が特徴。 また、財務DDやバリュエーションを単発で発注することもでき、クライアントからは、M&Aのどのフェーズ、どの課題でも相談ができる便利なパートナーと言える。	FASの場合は、中小中堅企業から世界的なグローバル企業まで、幅広く支援している。投資銀行と比較するとクライアントの幅がかなり広いと言える。 対応クライアントの幅の広さ比較 ↓ FAS >日系投資銀行>外資系投資銀行

　続いてFAS業界のプレイヤーをみてみましょう。

　4大監査法人に連なるBig4 FAS（"ビッグフォーファス"）と呼ばれるプロ
フェッショナルファーム4社が業界の最大手ということになります。

　それ以外にも独立系のFASや銀行系コンサルティングファームの中のFAS部門
など多様なプレイヤーが存在します。

【Big4 FAS】

- ・PwCアドバイザリー
- ・デロイト トーマツ ファイナンシャルアドバイザリー
- ・KPMG FAS
- ・EYストラテジー・アンド・コンサルティング

②FAS業界の業務内容

　投資銀行と比較したM&A業界のM&Aアドバイザリー業務の特徴は、「サービスラインの広さ」と「分業型組織体制」です。

　図表1-6では、M&Aのフェーズごとに担当する部署を記載しました。

　「担当部署」はフェーズごとに業務を担当する部署を表しています。例えば、オリジネーションフェーズのM&A戦略の立案を担うのが「M&A戦略部」、ディール全体のマネジメントと顧客折衝をリードするのが「M&Aアドバイザリー部」です。M&Aアドバイザリーを行う部署は、会社によって「フィナンシャルアドバイザリー部」や「コーポレートファイナンス部」という部署名のケースもありますが、業務内容は同じです。

図表1-6：FAS_業務の流れ

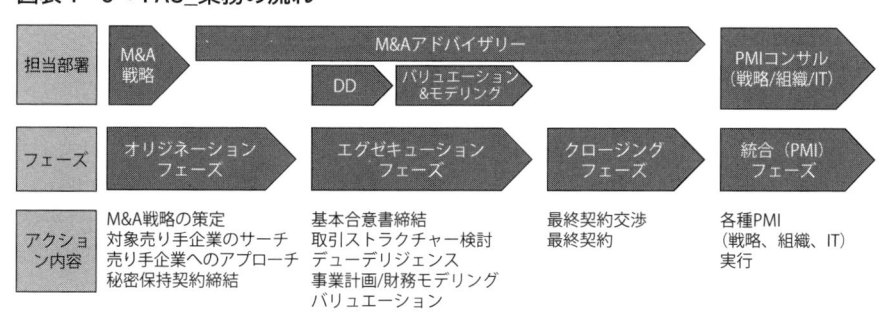

出所：著者作成

　FASのM&Aアドバイザリーチーム以外の各部署についても簡単に触れます（**図表1-7**）。

図表 1 - 7 ：FAS_チームと役割

チーム名	役割
M&A戦略チーム	M&Aの実行前に経営目標の達成にM&Aが有効なアプローチかを検討・評価するチーム。 M&A遂行の計画策定、買収先・被買収先企業のための業界分析および選定、M&A後の事業・財務インパクトの分析、シミュレーション支援などが役割
DD（Due Diligence）チーム	財務DD（デューデリジェンス）は買収・売却時の価格交渉の拠り所となる企業価値を評価するために必要な情報の収集と分析を行うチーム。また、ディールブレーカー（M&A実施を阻害する要因）となるリスクが潜んでいないか事前に明らかにする役割も担う。
モデリングチーム	M&Aの意思決定には買収後にどの程度の期間で、どれほどのリターンが期待できるのか数値上の仮説が必要なため、買収した事業がどの程度成長するか、グッドケース、バッドケース、ノーマルケースの財務シミュレーションを作成する。これはM&Aの意思決定の判断材料という価値だけでなく、買収事業の事業計画策定および買収後の予実管理にも貢献する。これらの複雑かつ高度なシミュレーションの作成をサポートしているのがモデリングチーム。
バリュエーションチーム	M&Aにおける対象企業の企業価値・事業価値などを評価するチーム。有形資産、無形資産を含む、M&Aにより獲得するさまざまな資産・負債の価値算出を行う。
PMI支援チーム	買収後の経営統合を支援するチーム。経営戦略の統合、人事制度の統合、ITシステムの統合など多様な分野の支援を行う。

　歴史的にはFASという業界は、財務DDやバリュエーションがメイン業務でしたが、一気通貫でM&Aサービスを提供することにビジネスチャンスを見出し、M&Aアドバイザリー（FA）やM&A戦略といった業務にも進出したという流れがあります。所属する人材に関しても、以前は会計士が中心でしたが、現在は元投資銀行のM&Aバンカーやコンサル出身者など、多様な人材がFASに集まり、業界全体の成長が続いています。

③FAS業界の報酬と年収水準

　FAS業界も投資銀行と同じくクライアントから受け取る報酬は固定月額コンサルティングフィーと成果報酬の組み合わせによって成り立ちます。FASはサービスラインが広く、成果報酬ではなくコンサルティング報酬がメインの案件も多いため、投資銀行よりも安定収益を獲得しやすいという特徴があります。また、案

件規模も中小からビックディールまで幅広くカバーしますので、1人当たりの売上は投資銀行のほうが大きく、個人の収入もそれに沿った水準になっています。

Big4 FASを想定した役職ごとの年収水準のイメージを記載します。こちらは賞与を含み、かつ業績の上下を加味したレンジです（**図表1-8**）。

投資銀行と比較するとやや見劣りするものの、大手商業銀行や証券会社の国内営業部門よりは高い水準といえそうです。

同じ職位のBig4 FASの4社間でも最大20～30％ほど、年収に開きがあります。会社によって差はあるものの、FAS業界の中では最も高い水準です。それ以外の独立系のFASの年収水準は、Big4 FASよりも10～20％程度低いケースが多いですが、昨今はかなり差が縮まり、ほとんど差のない会社も出てきました。

図表1-8：FAS_年収モデル例

職位	年収 （Big4 FASを想定）
アソシエイト	500～900万円
シニアアソシエイト	900～1,500万円
マネージャー	1,300～2,000万円
ディレクター	2,000～4,000万円
パートナー	3,000万円～1億円以上

（3）M&A仲介

①M&A仲介業界概観

中小企業庁の資料[1]によると、2025年までに70歳（平均引退年齢）を超える中小企業・小規模事業者の経営者数は約245万人となり、うち約半数の127万（日本企業全体の1/3）の会社で後継者が決まっていないと推計されています。また、現状を放置すると、2025年までの累計で650万人の雇用、22兆円のGDPが失われる可能性があることが、中小企業庁のデータから読み取れます。

これらの課題を解決する手法として生まれたのが、M&A仲介という支援モデルです。

---

1 「中小企業の経営資源集約化等に関する検討会（第一回）配布資料3より」
https://www.chusho.meti.go.jp/koukai/kenkyukai/shigenshuyaku/2020/201111shigenshuyaku03.pdf

M&A仲介モデルは、M&Aアドバイザリー（FA）のように買い手と売り手のいずれかのアドバイザーにつき、クライアント利益の最大化を目指すのではなく、双方の利害を調整し、落としどころを見つけ成約に導くことを重視します。

中小零細企業のM&Aは売却価格が小さいケースが多く、買い手と売り手片方からしか報酬を受け取らないFAモデルでは報酬が合わず、サービスが提供できないという背景もあります。

②M&A仲介業務内容

M&A仲介業務の流れは、ソーシングやオリジネーションといわれる買いニーズ、売りニーズの発掘から始まります。

多くの場合は売りニーズを営業活動により獲得し、その譲渡案件に関心を持ちそうな買い手企業に仲介会社がアプローチし、売り手・買い手双方が関心を持てばトップ同士の面談を行い、その後買い手による事業の実態調査（DD）が行われ、最終交渉を経て、問題なければ成約という流れになります。これらを買い手と売り手の間に入り、滞りなく成約に至るようサポートするのが、M&A仲介の基本的な仕事です。

なお、FAではなく仲介モデルでM&Aを進める場合、DDは買い手自身あるいは買い手から依頼を受けた会計事務所が行うことが一般的です。

③M&A仲介業界の報酬と年収水準

M&A仲介会社は、買い手と売り手双方から成約手数料として譲渡価格の数％を受け取ります。この成果報酬フィーがM&A仲介会社の大半の報酬ですが、会社によってはM&Aの相手方を探し始めるタイミングに着手金として一部固定報酬を受け取ったり、一定のプロセスまで案件が進んだタイミングで中間金として手数料を受け取る場合があります。

働く人の収入に関しては投資銀行やFASと異なり、ベース給料をかなり低く抑え、M&Aの成約から得られる獲得手数料や成約件数によって大きく報酬に差が出るインセンティブ制度をとる会社が大半を占めます。獲得した手数料の20％程度が年収になる設計にしている会社も多く、その場合若くして年収が数千万円から、場合によっては１億円に届く人もいます。

投資銀行やFASは経験やスキルを身につけることで職位を上げ、その結果、年

収が上がります。ですから、高額な年収を受け取るには一定の経験を積む必要があります。一方、M&A仲介会社の場合は、経験を積めば年収が上がるわけではなく、あくまで獲得手数料により毎年の収入が決まります。そのため、若くして高額の収入を受け取れる可能性に賭けたいビジネスパーソンには人気の職種となりました（**図表1-9**）。

図表1-9：M&A仲介_年収モデル例

	固定給	個人成果インセンティブ	業績賞与、その他KPI達成賞与
A社	500～1,000万円	獲得手数料×10%	業績や評価により追加支給
B社	一律420万円	獲得手数料×20%	なし

　ここまでは、M&Aのアドバイスや実行支援を行うプレイヤーをご紹介してきました。
　ここからは、実際にM&Aを行う主体であるファンドや事業会社についてみていきます。

（4）PEファンド
①PEファンド業界概観
　PEファンドとは、プライベートエクイティファンド（未公開株に投資をするファンド）の意味であり、ベンチャーキャピタルもこの中に含まれますが、一般的にPEファンドというとバイアウトファンドを指すことが大半であるので、本書でもそれを前提にして話を進めます（**図表1-10**）。
　「PEファンド＝バイアウトファンド」は、基本的に投資先企業の2/3以上の比率で株式を取得し、マジョリティ投資家として企業経営に関与します。経営への関与の仕方はさまざまで、経営数字の管理・モニタリングにとどまるケースもあれば、ファンド側の人材を投資先に送り込み、直接経営の一部を担うこともあります。
　日本のPEファンドの歴史は意外に浅く、業界の歴史はまだ30年ほどです。日本で最も老舗のPEファンドであるアドバンテッジパートナーズの設立が1992年、ユニゾンキャピタルは1998年の設立ですので、伝統的な金融ビジネスに比べるとかなり新しい業態といえます。

図表1-10：PEファンドの分類

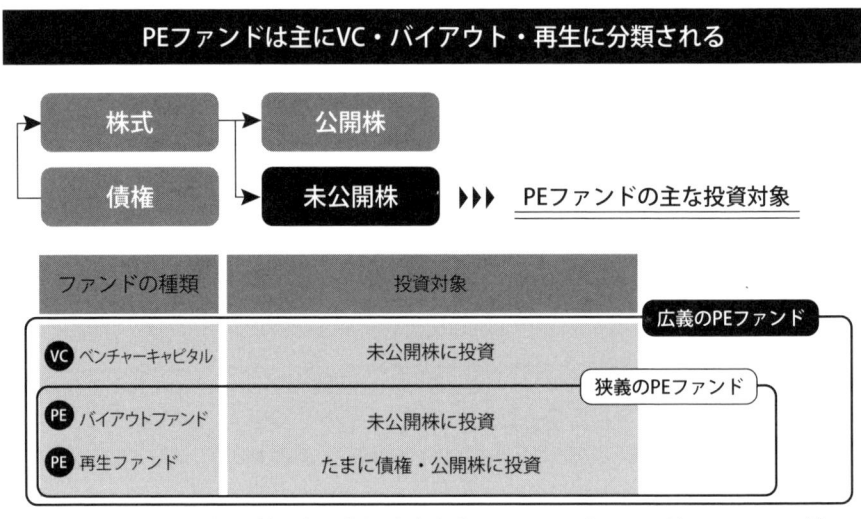

PEファンドは主にVC・バイアウト・再生に分類される

出所：ヤマトヒューマンキャピタルウェブサイトより（https://yamatohc.co.jp/dd/venture-capital/）

　その分、まだ市場が成長期にあり、金融業界の中では数少ない成長産業といえます。GDPに占めるPE投資の割合は、米国の2％に対して、日本は0.2％にとどまっており、まだまだ成長余地がありそうです。実際に、スモールキャップからミッドキャップを中心に、毎年多くのファンドが立ち上がっています。

◆スモールキャップ、ミッドキャップ、ラージキャップ

PE業界では、投資する案件のサイズごとにスモールキャップ、ミッドキャップ、ラージキャップとファンドを呼び分けます。明確な定義はありませんが、スモールキャップファンドは譲渡価格で数億円〜20億円程度の投資サイズをメインとし、ミッドキャップファンドは50億円〜200億円程度、ラージキャップは500億円以上の投資案件に注力しています。

---

②PEファンド業務内容

PEファンドのビジネスは下記①〜⑤の流れで進みます。

　①投資家から資金を集める

　②リターンが見込める事業を見つけ投資を実行する

　③投資した事業の価値が上がるよう経営支援

④（ときには自身が取締役として経営を担うことも）

⑤企業価値が上がったところで他の会社に譲渡する、あるいはIPO（株式公開＝株式市場を通じて投資家に売却）することにより売却益を得る

　これらの一連の業務を一気通貫で行うスタイルのファンドと、投資担当と投資先の経営支援担当をチームで分けて業務を行うファンドがあります。同じPEファンドでも、一連のすべての業務に携わるのか、投資をメインで携わるのか、経営支援がメインなのかで、働く印象が大きく異なります。

　投資担当と経営支援担当のチームが分かれているファンドの場合、**図表1-11**のように業務が進みます。

　一般的にスモールキャップといわれる中小企業向けのPE投資を行うファンドは、一気通貫で業務に取り組む会社が多い傾向にあります。ミッドキャップ以上のPEファンド、特に大企業のカーブアウト案件をメインで行うようなラージキャップファンドに関しては、投資担当と経営支援担当を分けているファンドが大半です。

　その背景には、大企業に投資をする場合、検討しないといけない論点が多く、また質においてもより複雑で難易度が高いからです。それに対応するため、投資担当と、投資先経営担当で分業制を取り、より専門性の高い人材で課題に取り組むというスタイルをとっています。

　一方で、中小企業への投資と経営支援に関しては、効率や専門性も重要ながら、より現実的に大切なことは従業員との関係性です。売上10億円、従業員30名の地方の製造業をイメージしてください。この規模の事業であれば、中核社員が数名いなくなるとかなりの痛手をこうむります。また、社員がこれまでよりももっと頑張ろうと、1人ひとりが仕事への取組みを変えるだけで、十分売上が伸びます。つまり、スモールキャップ投資において重要なのは、ファンドと投資先企業で働く従業員との信頼関係です。そう考えると1つのチームが投資からその後の経営支援、売却まで一連の流れを、ウェットな人間関係を維持しながらやりきるほうが投資リターンを出しやすいといえます。

　このスモールキャップ投資とラージキャップ投資の比較は、「一般的には」という前提で受け止めてください。もちろん、状況によっては例外はあり、大企業向けの投資も、当然人間関係が重要であり、中小企業向けの投資に関しても、業

図表1-11：PEファンド_業務の流れ

担当部署	ファンド経営陣	投資担当チーム

フェーズ	ファンドレイズ	ソーシング	投資検討・実行

| 業務内容 | 資金を集めるために、金融機関や事業会社に投資を募る。 | M&Aアドバイザリーや金融機関、M&A仲介など譲渡案件を発掘するプレイヤーから案件の紹介を受ける。 | 投資先事業を分析し、投資すべき案件か判断。期待するリターンを得られるか投資価格を算出し、投資先企業と交渉。 |

出所：著者作成

務効率や専門性も重要であることはいうまでもありません。

③PEファンドの報酬と年収水準

　PEファンドが投資した金額と売却額の差額がファンドの収益の源泉です。PEファンドごとに差異はありますが、概ね投資差益の80％を投資リターンとして投資家に返し、20％を自社の売上とするケースが多いです。それとは別に毎年運用手数料としてファンドサイズの1.5～2％程度を固定報酬として受け取り、それらでオフィス賃料や社員の給料などの固定費を賄います。

　このような背景があるため、ファンドサイズの大きな老舗ファンドや、ラージキャップファンドのほうが投資リターンにかかわらず固定報酬が大きくなりますので、その分社員に対するベース給料を厚く支給することができます。

　一方で、スモールキャップファンドは、固定給を比較的抑えた制度になっているケースが多いですが、ファンドによってはイグジットボーナスという、投資成果に応じたインセンティブを大きく分配するケースがあります。役職にもよりますが数千万円から数億円という金額のイグジットボーナスが支給されることもあります（**図表1-12**）。

　ここは本当にファンドによってさまざまなため、入社前にできる限り、報酬制度を把握し転職することをお勧めします。というのもファンドのイグジットボーナスと呼ばれる成果インセンティブ型の給料は、数年に一度の支給であるケースが多いため、数年間努力した成果が、どの程度報われるかは事前に把握しておき

投資先経営支援チーム	投資担当チーム
バリューアップ (投資先経営支援)	イグジット (売却)

売却イメージを描きながら、投資先企業の企業価値向上を目指し、あらゆる角度から経営を支援。自ら取締役となり経営を担うケースも。

M&A会社と共に期待リターンを得られる売却先を探す。
事業会社や他のファンドへ売却するケースが多いが、株式市場に上場し、マーケットで株を売却することも。

たいためです。

　また、イグジットボーナスはファンドの運用成績に基づくものですので、運用成績が悪いファンドでは、ほとんど期待できません。実は大手のPEファンドでも、ここ数年は投資リターンが芳しくなく、イグジットボーナスがほとんど出ていない企業もあります。

　ですから、あまりファンドの知名度だけに引っ張られ過ぎずに、自身がやりたい業務、得たい報酬をどこなら獲得できるのか、しっかり情報を収集されることをお勧めします。選考先のPEファンドに、これらを聞くことは、非常に勇気がいるので、業界に詳しい友人や、転職エージェントに相談されてはいかがでしょうか。

図表1-12：PEファンド_年収モデル例

職位	年収（月給と賞与）	イグジットボーナス
アソシエイト	800〜1,500万円	数年に一度ファンドリターンにより支給（ファンドによっては支給なし）
ヴァイスプレジデント	1,000〜2,000万円	
ディレクター	1,500〜3,000万円	多くのファンドで支給対象、投資がうまくいけば数千万円〜数億円のイグジットボーナスの可能性がある。
パートナー	1,800〜4,000万円	多くのファンドで支給対象、投資がうまくいけば数千万円〜10億円単位のイグジットボーナスの可能性がある。

(5) ベンチャーキャピタル
①ベンチャーキャピタル業界概観

　ベンチャーキャピタル（VC）は、PEファンド（バイアウトファンド）に近いビジネスモデルですが、投資先がスタートアップであることと、マイノリティ投資（株式の取得比率が数％～20％程度）である点が特徴です。

　一般的にVCをM&A業界と捉えることは少ないですが、投資（M&A）をして企業価値が上がったところで売却（M&A）をするという事業内容から、本書では広義のM&A業界のプレイヤーとして取り扱います。外部の機関投資家や個人投資家からまとまった資金を集め投資を行う点や、投資差益の80％を投資家に返し、20％を自社の売上とする点など、PEファンドと収益のモデルも類似しています。

　スピーダ（旧INITIAL）の調査[2]によると、2023年のスタートアップの株式による資金調達額は7,536億円で、前年度の9,664億円を下回ったものの、日本歴史上過去3番目に多い調達額となりました。この金額の大半がベンチャーキャピタルからの出資による資金調達です。

　Web3や生成AIなど、世界的なスタートアップ市場の盛り上がりを受けて、日本でも官民を挙げてスタートアップ支援が行われています。

②ベンチャーキャピタルの業務内容

　ベンチャーキャピタルのビジネスモデルは、急成長が見込めるスタートアップ企業に投資を行い、期待どおりに成長した場合、IPOやM&Aで売却（イグジット）し、投資リターンを獲得するというものです。そのため、**図表1-13**のように設立年数が浅く、企業価値もまだまだ伸びしろが大きい企業に対して投資を行うことになります。

2　〈【最新版】2023年スタートアップ調達トレンド〉スピーダ スタートアップ情報リサーチ（initial.inc）

図表 1-13：ベンチャーキャピタルの投資タイミング

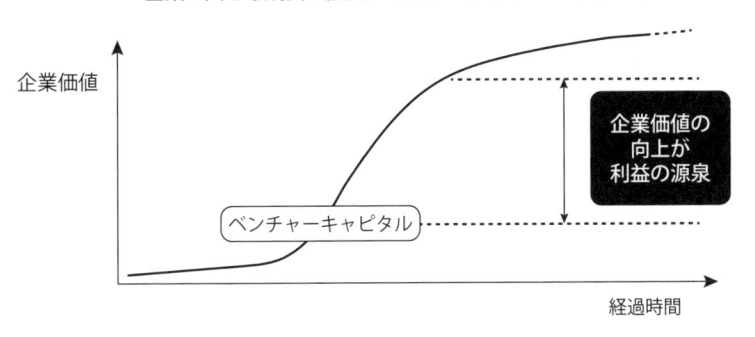

出所：ヤマトヒューマンキャピタルウェブサイトより （https://yamatohc.co.jp/dd/venture-capital/）

　ベンチャーキャピタルで投資を行う人を「キャピタリスト」と呼び、投資先の発掘から投資先の経営支援、イグジットまで一気通貫で業務を行います。

　仕事の流れは、PEファンドと同じくファンドレイズ（投資資金の調達）→ソーシング（投資先の発掘）→投資実行→経営支援→イグジットと進みます（**図表1-14**）。

　なお、ファンドレイズは、ファンドのボードメンバーが行うため、若手社員は関わらないことが一般的です。

　PEファンドの業務と最も異なる点は、投資先のソーシング手法です。PEファンドは、投資銀行やFAS、M&A仲介などから案件を持ち込まれ検討するケースが多いですが、スタートアップ投資の場合は、そもそも世に出ていない金の卵を探す活動ですので、自ら鼻を利かせ、有望な起業家を探し続ける必要があります。

　もっというと、この有望なスタートアップを探すことが、キャピタリストにとって最も重要な仕事であり、ファンドリターンの最大の源泉です。

　PEファンドと違い株式を過半数取得するわけではなく、あくまでオーナーは起業家ですので、オーナーシップを持ち、経営することはせず、サポートに徹す

図表1-14：ベンチャーキャピタル_業務の流れ

ファンドレイズ	投資を行うための元手となる資金を、機関投資家や事業会社から募る。
ソーシング	投資先企業を探し、アポイントを取って経営者と面談を行う。
投資実行	投資先候補の中から、デューデリジェンスや資本政策の話し合いを経て、投資先を決定する。
経営支援	投資先の事業課題に対して、資金面に限らず様々な支援を実施する。
Exit	ある程度の規模に至ったベンチャー企業に関して、IPOやM&Aのタイミングで株式を譲渡する。

出所：ヤマトヒューマンキャピタルウェブサイトより（https://yamatohc.co.jp/dd/venture-capital/）

るという位置づけです。そのため、いかに優秀な起業家や事業と出会い、投資させてもらえるかがキャピタリストとしての成功を決めます。

　そのため、優秀なキャピタリストは、日々SNSで情報を発信し、スタートアップが集まる会合に顔を出すなど、積極的にネットワーキングを行います。フットワークの軽さと、新しい人と会い続けることに喜びを感じる人に向いている仕事です。このように、PEファンドと比べると、営業要素がやや強い業務であることを理解しましょう。

　新しいビジネスモデルやテクノロジー、新進気鋭の起業家を発掘し、世に出すことで、間接的に社会を変えていく、こんな働き方を求める人には、ベンチャーキャピタルという業界は、非常にエキサイティングな環境といえます。

③ベンチャーキャピタル業界の報酬と年収水準

　ベンチャーキャピタルの収益モデルは、基本的にはPEファンドと同じです。

　そのため、ベンチャーキャピタルで働く人の収入も、PEファンドと同じようにベース給料と投資リターンによるインセンティブ賞与で決まります。

　ベンチャー投資は、PEファンドよりも、投資期間が長いため最終のリターン

だけではボーナスの支払いが先になりすぎるため、案件投資ごとにインセンティブを設計しているファンドもあります。

　もう一点、PEファンドとの違いは、個々人のキャピタリストが自ら案件を探し、投資、イグジットまで行うケースが多いため、より個人の成果がイグジットボーナスに反映されやすい点にあります。

　VCの投資リターンの最大の源泉は、良いスタートアップを見つけ投資することですので、若手であっても有望なスタートアップを見つけ投資を行い、IPOやM&Aで大きなリターンを出せば、しっかり報酬で返してくれる会社が多いのが、この業界の良いところです。ある大手金融機関系VCでは、投資リターンの数%をインセンティブとして支給しています。

　逆にイグジットボーナスというインセンティブ制度が存在せず、ファンドの収益に応じた業績賞与を支給するにとどめるVCもありますので、PEファンドと同じく転職前にイグジットボーナスなどのインセンティブ制度を正しく理解することが大切です。**図表1-15**にVCの役職ごとの報酬イメージを記載します。VCは、PEファンド以上に会社によって報酬水準が異なりますので、1つの参考値程度に捉えてください。

　すべてのデータを保有しているわけではありませんが、PEよりもVCのほうがベース報酬が低いことが一般的です。一方で、投資が上手くいったときのリターンの振れ幅が極めて大きい点がベンチャー投資の魅力です。メルカリやビジョナルなど、大型上場となった会社に初期から投資していたVCはすさまじいリター

図表1-15：ベンチャーキャピタル_年収モデル例

職位	年収（月給と賞与）	イグジットボーナス
アソシエイト	600〜1,000万円	数年に一度ファンドリターンにより支給（ファンドによっては支給なし）
ヴァイスプレジデント	8,00〜1,500万円	数年に一度ファンドリターンにより支給（ファンドによっては支給なし）
ディレクター	1,200〜1,500万円	多くのファンドで支給対象、投資がうまくいけば数千万円〜数億円のイグジットボーナスの可能性がある。
パートナー	1,500〜3,000万円	多くのファンドで支給対象、投資がうまくいけば数千万円〜数億円のイグジットボーナスの可能性がある。

ンが出ています。

（6）事業会社M&A担当
①重要性を増す事業会社内のM&Aプレイヤー

本章の最後は、事業会社のM&A担当についてです。こちらは業界ではないですが、プレイヤーとして重要なためここで取り上げます。

昨今M&Aは、特殊な経営手法ではなく、多くの会社で検討されるアプローチとなりました。Google社がYou Tubeを買収したように、自社にないテクノロジーやプロダクトの獲得を目指すケースや、同業他社を買収することで事業規模拡大を目指す場合など、多様なパターンがあります。

これらのM&Aを経営者やCFOが自ら推進するケースもありますし、経営サイドの確認を取りながら、「経営企画部M&A戦略チーム」のような専門部署がリードする場合もあります。事業買収だけではなく、相対的に重要度の下がった事業を切り出し売却する（カーブアウト）こともあり、買い手売り手両方の立場で仕事をする可能性があります。

また、M&Aの相手方がPEファンドであったり、FASや投資銀行の支援を受け、M&Aを実行することも多く、これまで説明してきた業界の各プレイヤーとの関わりが非常に多い職種です。本来的には、事業を行う事業会社がM&Aの主役であり、投資銀行やFASは、それらのサポートをしている業界といえます。

②事業会社M&A担当の年収イメージ

事業会社のM&A担当は、企業の中核ポジションですが、年収は所属企業の制度にのっとったものになるため、投資銀行やファンドなどに比べると劣後します。投資銀行やFASなどから、事業会社のM&A担当として転職する場合は、良くて年収維持、多くの場合は年収を下げての転職になるケースが多いでしょう。

③やりがいと働きやすさが魅力

年収は劣後するものの、アドバイザーではなく自らの責任で事業の買収や売却に関与するという、経営の本丸といえる業務に取り組める点は、非常に魅力的な仕事といえます。

また、投資銀行やFASなどのアドバイザーに比べると労働環境が改善すること

も多いため、30代後半くらいから、もう少し落ち着いた働き方をするために事業会社に転職したいという相談も多くあります。

「ヘッドハンター」と「転職エージェント」は動機が違う？

　昨今、ビジネスパーソンが転職の際に人材紹介会社を使うことが当たり前になりました。ところで皆さんは、「ヘッドハンター」と「転職エージェント」の違いをご存じでしょうか？　同じように求人の紹介や面接対策をしてくれますが、実はこの２職種の方々は、やや異なる動機で動いています。

「ヘッドハンター」

　採用企業からターゲット人材をサーチする活動資金として、数百万円の固定報酬を受け取っています。そのうえで、企業が候補者を採用して入社したら追加報酬、そして一定期間在籍したらさらに追加の報酬を受け取ります。このようなビジネスモデルから、ヘッドハンターは「特定の会社に候補者を紹介したい」という動機が強くなります。

「転職エージェント」

　事前にフィーを受け取らない成果報酬モデルなので、どこかの企業に転職が決まれば、いずれにしても報酬を受け取ることができます。そのため、「特定の会社に転職してもらいたい」という動機は薄く、候補者のキャリアニーズに寄り添いやすいモデルといえます。

　では、ニーズに寄り添ってくれそうな転職エージェントとだけ、付き合ったほうが良いのでしょうか？　それが、そうとも限りません。

　ヘッドハンターは、希少性が高く、多くの転職エージェントに出回っていない求人情報を保有している場合があり、その点は転職エージェントよりも優れています。

　また、転職エージェントでも、採用企業によって報酬の大きさが異なる場合があるため、そういう意味では「ビジネスモデルの違いから、転職エージェントがより誠実だ」とは言い切れません。また、採用企業との関係性から、転職エージェントでもヘッドハンターに負けないような、希少性の高い求人情報を保有しているケースもあります。

　結論としては、「ヘッドハンター」や「転職エージェント」といったモデルの違い以上に、個人の力量によるサービスの差が大きくでてくるのが、この業界の特徴です。

　「信用できるアドバイザーと出会えるかどうかが非常に重要である」という点は、M&A業界と同じですね。

第 2 章

M&A業界で活躍する ためのキャリア戦略

　本章では、第1章で説明した各業界の「キャリア」に焦点を当てます。投資銀行やファンドにどうすれば転職することができるのか、また、FASからのキャリアパスには、どのような可能性があるのか、等々。「○○業界へのキャリア」と、「○○業界からのキャリア」双方の可能性を探ります。

1 投資銀行への道とポストキャリア

（1）投資銀行へのキャリア

　投資銀行は、新卒、中途双方で就労可能性があります。新卒の場合は、一定の学歴を満たしている人は広く応募できますので、採用における競争は激しいですがぜひ挑戦してください。外資系投資銀行に関しては、ビジネスレベルの英語力を求められる会社が多いため、語学に自信のない方は日系投資銀行を目指すことになります。

　続いて、中途で投資銀行に転職をする方法についてです。

　まず、日系投資銀行の採用ターゲットは、銀行や証券会社を中心とした金融業界にいる人や、会計・ファイナンスのベースのスキルのある人です。そして、やや優先度が劣後しますが、コンサルティングファーム出身者も転職している事例があります。

　年齢に関しては、未経験の場合、第二新卒〜30代中盤くらいまでが採用対象です。

　具体的に、未経験から日系投資銀行へ転職した実績のある主要な業界を、下記に記載しますので参考にしてください。

　　①銀行（支店営業ではなく本社でプロジェクトファイナンスなどに関わっている人の優先度が高い）

　　②証券（法人向けのビジネス経験があればなおよいが、20代であればリテール営業からの転職事例もあり）

　　③商社（投資やファイナンス業務に関わっている人）

　　④会計士（監査経験のみの方の転職事例も増加）

　　⑤コンサルティングファーム（戦略コンサルティング経験者が望ましいが、総合系ファームなどそれ以外の方の転職事例もあり）

　昨今、日系の投資銀行は、中途採用を強化する会社が増えてきました。新卒採用主義だったある日系投資銀行が、ここ数年中途採用に大きく舵を切ったことが業界で話題となりました。未経験から投資銀行への転職可能性は、徐々に高まっ

ています。

　続いて外資系投資銀行についてですが、多くの場合、日系投資銀行やFASなどでのM&A業務経験者を採用するケースが多いため、完全未経験者の転職の難易度はかなり高いといえるでしょう。過去に私がみた未経験から外資系投資銀行に転職した事例は、M&A経験のない会計士や、戦略コンサルティングファーム出身の20代というケースでした。いずれも、語学が堪能で、ベースの思考力が高く、人柄も魅力的な人たちでした。

　外資系投資銀行に就職するには、高い採用ハードルを潜り抜け新卒で就職するか、日系投資銀行やFASなど、いずれかの場所でM&A経験を早期に積んで、30歳過ぎくらいまでに転職活動を行うことをお勧めします。

　なお、ここで述べる内容はあくまで原則であり、例外もあります。また、採用市場は、日々変化していますので、直近の動向については業界に精通した人材会社から直接情報を収集することをお勧めします。

（2）投資銀行からのキャリア

　投資銀行出身者のポストキャリアとして、典型的な5パターンを**図表2-1**にまとめました。

　PEファンドやVCなどの投資会社で、投資と経営双方に関与するか、はたまた自社事業の経営に挑戦するか、アドバイザーとしてさらなるキャリアアップを目指すか、という3つの方向性があります。

　キャリアの選択肢は多様ですので、これがすべての可能性というわけではありません。転職先業界ごとに、転職しやすい年齢についても記載しましたが、個別企業で異なるのであくまで参考情報としてください。

図表2-1：投資銀行からの転職事例

転職先業界	転職しやすい年齢	典型的な転職理由
PEファンド	25〜35歳	・アドバイザーから意思決定の主体になりたい ・事業投資と経営双方に関心があるため ・自身の実績に応じて高額の報酬機会を得たい
ベンチャーキャピタル	25〜35歳	・起業家やテクノロジーが好き ・投資業務に関わりたい
スタートアップCFO	25〜50歳	・アドバイザーではなくオーナーシップをもって経営にあたりたい ・新たな事業の創造や社会課題の解決に取り組みたい ・IPOで経済的に成功したい
事業会社M&A担当	25〜35歳	・アドバイザーからM&Aの実行者にキャリアチェンジしたい ・魅力的な事業を行う会社と出合ったため ・労働環境を改善したい
外資系投資銀行 （日系投資銀行出身）	25〜50歳	・同種の仕事でキャリアアップしたい、報酬を最大化したい ・海外案件や大きなディールに取り組みたい

2 FASへの道とポストキャリア

（1）FASへのキャリア

　続いては、ファイナンシャル・アドバイザリー・サービス（FAS）業界のM&A系職種につくための方法です。FASも投資銀行と同じく、新卒と中途双方の採用枠がありますが、新卒よりも中途採用がメインの業界です。

　Big4 FASや、独立系のFASでも一部、新卒の採用可能性があります。最近は、学生時代に会計士の資格を取得し、監査経験を積まずに直接FASに就職する人もいますので、新卒からどうしてもFAS業界に進みたい人は会計士試験に挑戦するのもおすすめです。

　FAS業界は、中途の人材を積極的に採用しており、M&A業務経験のない人も採用可能性がありますので、未経験者にとってはチャンスの多い業界です。

　未経験からFASへ転職した実績のある主要な業界を、以下に記載しますので参考にしてください。

①銀行（支店営業ではなく本社でプロジェクトファイナンスなどに関わっている人の優先度が高い）

②証券（法人向けのビジネス経験があればなおよいが、20代であればリテール営業からの転職事例もあり）

③投資銀行（M&A経験者はもちろん、20代であればECMやDCM部門出身者の採用事例もあり）

④商社（投資やファイナンス業務経験があればなおよいが、20代であれば営業職からの転職事例もあり）

⑤コンサルティングファーム（戦略コンサルティング経験者が望ましいが、総合系ファームなどそれ以外の方の転職事例もあり）

⑥会計士（監査経験のみで可、Big4 FASのFAチームは英語力やDD経験のある会計士がメインターゲットのタイミングもある）

⑦事業会社（経理、財務、M&A、経営企画などコーポレート部門在籍者）

⑧M&A仲介（20代若手の採用がメイン）

　上記8つの職種は、FAS業界へ転職可能な典型的な経歴ですが、転職先のファームの案件獲得状況によって採用ハードルが大きく上下するのがこの業界の特徴です。案件獲得が非常に活況で、人が十分にいないために受注を断らなくてはならない、あるいは既に受注してしまっているが人繰りが非常に苦しいというタイミングであれば、背に腹は代えられないと採用ハードルが下がることがあります。

(2) FASからのキャリア

　FASのM&Aアドバイザリー業務経験者のポストキャリアとして典型的な5パターンは**図表2-2**です。投資銀行と同じ業務（M&Aアドバイザリー）ゆえ、転職先パターンも似ていますが、FASからVCへの転職者は少ないです。

　会計士は、独立志向が強い人が投資銀行出身者に比べると多いため、自身の会計事務所を立ち上げる人も。これはスキルによるものではなく、もともとの性格によるものが大きいと考えられます。

図表2-2：FASからの転職先事例

転職先業界	転職しやすい年齢	典型的な転職理由
PEファンド	25〜35歳	・アドバイザーから意思決定の主体に転身したい ・事業投資と経営双方に関心があるため ・自身の実績に応じて高額の報酬機会を得たい
スタートアップCFO	25〜50歳	・アドバイザーではなくオーナーシップをもって経営にあたりたい ・新たな事業の創造や社会課題の解決に取り組みたい ・IPOで経済的に成功したい
事業会社M&A担当	25〜50歳	・アドバイザーからM&Aの実行者にキャリアチェンジしたい ・魅力的な事業を行う会社と出合ったため ・労働環境を改善したい
投資銀行	23〜35歳	・報酬水準を上げたい、より大きなディールに取り組みたい ・学生時代から何となく投資銀行に憧れている…という理由も
独立	-	・一国一城の主に憧れがある ・組織の論理から離れ自由に働きたい ・税務メリットを含め、総合的な経済環境を良くしたい

3 M&A仲介コンサルタントへの道とポストキャリア

（1）M&A仲介コンサルタントへのキャリア

　M&A仲介会社も、投資銀行やFASと同じく、新卒・中途両方の採用枠があります。

　中途採用に関しては、20〜30代で営業経験が豊富な方や、会計やコンサルティング能力とコミュニケーション能力をバランスよく有している人を採用します。

　M&A仲介の仕事は、譲渡企業（売り手）を発掘する新規開拓営業から開始するケースが多いため、まずはそれらの業務で活躍しそうな人の評価が高いといえます。

　M&A仲介の仕事は、できるだけ高く売りたい譲渡企業と、できるだけ安く買

いたい買い手企業という利害の相反する２社の間に入り、さまざまな論点を整理・調整しながらプロジェクトを推進する仕事なので、ある商品をただ販売することが得意な営業マンでは通用しません。営業力に加え、利害の相反する企業の意向を調整し、納得に導く高度な交渉力が必要です。さらにM&Aのスキーム・法務・税務など多様な知見やノウハウを広く習得しながら、専門家を巻き込み、プロジェクトを推進するビジネスパーソンとしての総合力が求められます。

　これらの基礎力がある人、もしくはキャッチアップする努力のできる人であれば、未経験者を積極的に採用する業界ゆえ「０から」M&A業界に挑戦したい人には非常にチャンスの多い業界です。

（2）M&A仲介コンサルタントからのキャリア

　M&A仲介コンサルタントのポストキャリアとして典型的な５パターンを**図表2-3**に記載します。

　M&A仲介コンサルタントは、成果を出せば若くして数千万円～数億円の報酬を得られる仕事ですので、大きく活躍すると、あまり転職をしない傾向にあります。その中でも、M&Aの仕事は好きだが、営業要素の強い仕事からアドバイザリーやコンサルティング要素の強い職種に転換したいと考え、FASやコンサルティングファームに転職する人も一定数います。比較的独立がしやすい業態でも

図表2-3：M&A仲介からの転職先事例

転職先業界	転職しやすい年齢	典型的な転職理由
FAS	～30歳まで	・営業ではなく、M&Aのエグゼキューション能力を高めたい ・M&A仲介からFAにキャリアチェンジしたい
コンサルティングファーム	～30歳まで	・営業ではなく、コンサルティングに挑戦したい ・ファイナンスよりも、事業に関わりたくなった
事業会社のM&A担当	～40歳	・M&Aのアドバイザーではなく、自身が事業の買収戦略を立案し、実行する主体になりたい ・年収を落としてもよいので、労働環境を改善したい
同業転職	25～50歳	・より良い条件、組織のある会社で働きたい ・創業期のM&A会社で幹部として働きたい
同業独立	－	・自分の理想とするM&A仲介会社を作りたい ・一国一城の主としての働き方に憧れがある

あるため、同業での独立や、独立した友人の会社を幹部として手伝うというキャリアを選ぶ人もいます。

また、典型的な転職先といえるほどではありませんが、一部の人はPEファンドやVC、サーチファンドのサーチャーに転身する事例も見受けられます。

最後に、最近の動きとして、自身が企業を買収し、オーナー社長になるというキャリアに触れます。M&A仲介コンサルタントをしていると、「この会社は自分が買いたいな…」と思える魅力的な案件に出合うことがあります。昨今は、優良な事業であれば、個人で銀行から借り入れを行い、企業を買収できる可能性がありますので、起業以外でオーナー社長になる新たなキャリアとして注目されつつあります。

4 PEファンドへの道とポストキャリア

（1）PEファンドへのキャリア

PEファンドは、新卒採用をほとんどしておらず基本的には中途での採用がメインです。

ファンドによって若干の差はありますが、採用可能性があるのは、下記いずれかの業務経験がある場合です。

①M&A関連業務経験者

投資銀行やFAS、金融機関出身者などで、M&Aアドバイザリー業務経験があれば、多くのPEファンドで採用される可能性があります。

昨今、商社やその他事業会社で事業投資経験者が増えていますが、そういった方もターゲットになります。

また、ファンドによっては、FAの中の「財務モデリング」のみの経験者を採用するケースもあります。

②戦略ファーム出身者

投資検討時の事業分析や、投資先の経営支援において活躍する戦略系コンサルティングファーム出身者も、ファンドに転職するケースが多い職種の1つです。

「DX系のプロジェクトを行う『総合系ファーム』から、直接PEファンドへ転

職できるか？」という質問を受けることがありますが、これは「NOではないが難しい」という回答になります。

　これまで、そのような転職事例がないわけではありませんが、一般的にはハードルが高いため、戦略コンサルやFAS業界へ一度転職し、2〜3年の業務経験を経て、PEファンド業界に挑戦したほうが、より多くの選択肢があります。

③それ以外の転職事例

　上記以外だと、事業再生コンサルティング経験者が、会計スキルと財務モデリング能力を評価され、スモールキャップPEファンドに転職した事例や、M&A経験はないが銀行でのファンドへの融資（LBOローン）や、プロジェクトファイナンス経験者が、ポテンシャル採用枠で転職した事例があります。

（2）PEファンドからのキャリア

　PEファンドの運用期間は、10年が一般的です。そのため、少なくとも5〜10年、1つのファンドで働かないと、ファンドマネージャーとして、どの程度の投資リターンを上げたという実績を主張できません。また、イグジットボーナスも、5年は就労しないと獲得機会が得られないため、基本的には長期就労者が多い業界です。

　その中でも、いくつかある転職のパターンが**図表2-4**です。

　PEファンドは、ビジネスモデル上、どうしても安定した事業に投資をしがちです。

　また、投資期間は、平均すると3〜5年程度です。これらの投資を繰り返し経験すると、スタートアップのような急成長企業の経営に長期でコミットしたいという考えになり、スタートアップにCFOとして転職する人もいます。

　また、PEファンドは創業メンバーと、それ以外だと取り分が大きく異なるため、いつかは自分のファンドを立ち上げたいという夢を持つ人もいます。

　PEファンドの立ち上げは、創業期に数十億円の資金を集める必要があり、非常にハードルの高い挑戦です。私の周りでも、挑戦した人がそれなりにいましたが、その中で今のところ成功したのは2つのファンドのみです。

図表 2-4：PEファンドからの転職先事例

転職先	転職しやすい年齢	転職理由
スタートアップCFO	25～40歳	・PEファンドは安定した事業への投資が多く、そこに物足りなくなり、急成長事業の経営に挑戦したい ・一定期間、株式を保有し、売却するという時間軸ではなく、長期で大きな事業を作る挑戦がしたい
ファンド投資先経営者	40～60歳	・投資よりも経営に関心が強いことに気づいた ・プロ経営者として、いろいろな業界の経営に挑戦したい
PEファンド創業	不問	・いつかは、自らのファンドを立ち上げたいという夢のため
他社PEファンド	25～50歳	・より重要なポジションでの就労機会を得た（ファンドを立ち上げるので一緒にやらないか？と誘われるなど） ・所属ファンドの運用がうまくいかず解散した ・人間関係に問題があった

5 ベンチャーキャピタルへの道とポストキャリア

（1）ベンチャーキャピタルへのキャリア

　ベンチャーキャピタル業界への転職者でよく見る経歴は、投資銀行やコンサルティングファームなどプロフェッショナル職種です。ここはPEファンドと大差ないものの、VC業界のほうがキャリアの多様性があります。

　スタートアップからVCに転身する例や、新卒でインターンをして、そのままVCで働き続けるケースもあります。

　元起業家で、次はベンチャーキャピタリストとして、起業家を支援することを希望する人もいます。

　シードからアーリーステージ（**図表2-5参照**）の企業へ投資を行うキャピタリストに求められる最大の役割は、有望な投資先の発掘です。ですから、特定のスキルや経験よりも、フットワークが軽く、いろんな起業家の懐に飛び込める人柄や、人脈作りに長けている人材が活躍します。そういった背景から、PEファンドよりもVC業界に所属する人のほうが、経歴の多様性が高いといえます。

図表2-5：スタートアップの企業ステージ

スタートアップの成長ステージは、「シード」「アーリー」「ミドル」「レイター」と表します。

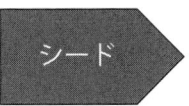 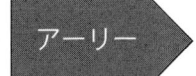  

| 事業アイディアはあるが、事業立ち上げ前 or 立ち上げ中のフェーズ | 赤字だがプロダクトはローンチしているフェーズ | 事業が黒字化し始める、本格適な成長フェーズ | さらなる拡大期、IPOの現実性が高まるフェーズ |

出所：著者作成

（2）ベンチャーキャピタルからのキャリア

ベンチャーキャピタリストは、自分の仕事がとても好きだという人が多いため、異業種への転職が多くありません。

そのため、VCのポストキャリアの典型的なパターンといえるものは多くなく、スタートアップのCFOに転身するか、同業転職、同業立ち上げが多いです（**図表2-6**）。

起業家や、先端テクノロジーが好きな人にとって、多くのスタートアップと関わり、起業家とともに夢に挑戦できるベンチャーキャピタルという仕事は天職といえるのでしょう。

図表2-6：ベンチャーキャピタルからの転職事例

転職先	転職しやすい年齢	転職理由
スタートアップCFO	25〜50歳	・共に経営をしたい起業家と出会った ・投資家ではなく、経営者としてどのくらい通用するか挑戦したい
同業転職	–	・より重要なポジションでの就労機会があった
同業独立	–	・いつかVCを立ち上げたいという夢のため ・経済的、社会的成功のため

6 事業会社M&A担当への道とポストキャリア

（1）事業会社M&A担当へのキャリア

　事業会社のM&A担当ポジションへの転職者の大半は、M&Aアドバイザリー業務経験者です。

　投資銀行やFASでM&Aアドバイザリー業務に従事していたが、アドバイザーではなく、M&Aや経営の主体になりたいという考えの人が転職候補者です。実は意外に多いのが、支援先のクライアントから強く誘われて、転職するケースです。

　あとは、事業会社の経営企画や財務ポジションにいた人材が、社内異動でM&A部署に移るケースも多いです。

（2）事業会社M&A担当からのキャリア

　事業会社のM&A担当者のポストキャリアとして典型的な4パターンは**図表2－7**のとおりです。

Column

年収交渉は、タイミングが "命" ！

　いろいろなビジネスパーソンのキャリア相談を受けてきましたが、転職理由として一番多いのは、やはり待遇の改善です。

　そこで大切になってくるのが、転職時の年収交渉です。

　年収交渉の巧拙により、入社時の年収が1割から2割も違ってしまうのはザラです。

　では、どのタイミングで年収交渉を行うのが最も効果的なのでしょうか。

　応募時点で希望年収を高く提示すれば、希望のかなう会社のみとの選考を進めることができます。ところがまだ面接もしておらず、しっかり自分を評価してもらえないようなタイミングで高い希望年収を提示すると、「今の時点でこの条件がのめるかわからない。…では、見送りで…」とい

図表2-7：事業会社M&A担当からの転職先事例

転職先	転職しやすい年齢	転職理由
FAS	25〜35歳	・自社の案件のみではなく、いろいろ案件に関わりM&Aのプロフェッショナルになりたい ・FASから事業会社に転職したが、ファームのスピードや組織のフラットさが性に合っていた（いわゆる"出戻り"人材）
コンサル	25〜35歳	・経営・事業面のプロフェッショナルになりたい ・ディールの推進よりも経営戦略の立案に関心が強い
同職種での転職	25〜40歳	・より多くのM&Aを実施している事業会社に転職することで、早く経験を積みたい ・案件規模やテーマを変えたい
PEファンド	25〜30歳	・多様かつ多くのM&A案件に携わりたい ・事業シナジーを考えずに純粋な投資としてのM&Aに関心がある ・高額の報酬機会を得たい

うケースも多くあり、リスクの高いアプローチです。

　では、「内定通知書をもらったタイミング」はどうでしょうか。

　このタイミングでは、入社する企業の人事部が、あなたに提示する年収の了承を得るための社内稟議を回した後なので、アプローチするタイミングとしては遅過ぎます。

　ベストなやり方は、複数回の面接で高い評価を勝ち取り、採用企業が「この人材はぜひほしい…」という気持ちになった、<u>「最終面接から内定通知書発行前」</u>の期間です。

　皆さんの評価が高まったこのときなら、多少強気の交渉をしても採用企業の印象が悪くなりづらい、ベストなタイミングといえます。

M&Aアドバイザーからの転職組ではなく、事業会社からの転職あるいは異動によってM&A担当になった人は、自社の"我流のM&A"ではなく、プロフェッショナルファームで体系的にM&Aを学ぶために転職を決意するケースがあります。

　逆に、M&Aアドバイザリー業務の経験者として事業会社に転職した場合、主体としてM&Aを推進できる環境には満足しているものの、プロフェッショナルファーム特有の業務スピードやフラットな組織文化が自分の性格に合っていたと気づき、元の鞘に戻る（出戻り）ケースも散見されます。

第 3 章

M&A業界で活躍する
先輩たちのキャリア
インタビュー

1 投資銀行、FAS、事業会社M&Aのすべてを経験（総合編）
~アドバイザーと実行者、双方を経験して見えたM&Aの本質~

株式会社アイドマ・ホールディングス
取締役 経営管理本部長 阿部光良 氏

大和証券投資銀行部門でM&Aアドバイザリー業務を経験、その後フロンティア・マネジメントにて事業再生やM&Aに従事する。
　その後、ファンド投資先のM&A担当やM&A仲介会社の経営を経て、現在は株式会社アイドマ・ホールディングスの取締役 経営管理本部長として管理部門を掌握しつつ、M&Aと買収後のPMI、グループ経営に注力する。

Q. これまでのご経歴を教えてください。

A. 新卒から一貫してM&A業務に携わっています。

　1社目の大和証券SMBC株式会社（現・大和証券株式会社）では、不動産・建設セクターを担当しており、主に上場している企業のM&A案件を3～4名で担当し、部門の大規模な案件では10名程の人数で行うこともありました。私が入社したのがリーマンショック直後であったため、不動産・建設セクターの企業再生の案件に携わる機会を複数いただいた結果、従前から再生案件に関心はありましたが、改めて非常にやりがいがあると感じ、専門性を高めるために再生系ファームへの転職を決意しました。

　2社目は、フロンティア・マネジメント株式会社へ入社しました。ここでは、通常のM&A案件に加えて、デューデリジェンスやバリュエーション、事業再生案件など多様な案件を取り扱っていました。少人数で数多くの案件をこなすところが投資銀行と異なりやりがいもありましたが、取り扱う案件の規模の多寡はあるにしても、本質的な業務内容に大きな違いはなかったように思います。

　次に、政府系ファンドの出資先であるユニキャリア株式会社（現・三菱ロジネクスト株式会社）に入社し、初めてアドバイザーではなく、事業会社の中でM&A担当として業務にあたっておりました。クロスボーダー案件もここで初め

て経験し、海外案件の難しさについても学びました。

　入社して2年ほど経った頃、政府系ファンドがイグジットして、三菱重工業株式会社にグループインするタイミングで、前職の上司の誘いを受けて株式会社日本経営承継支援（現・株式会社経営承継支援）へ創業メンバーとして参画しました。同社で、取締役としてM&A仲介事業の経営、上場準備に携わった後、ご縁があり現在の株式会社アイドマ・ホールディングスへCFO・IPO準備責任者として参画、現在無事上場を実現し3年ほど経過しました。現在はCFOとして経営をリードしつつ積極的にM&Aを実行しています。

Q. アドバイザーではなく実行者としてM&Aを行う業務の魅力と厳しさを教えてください。

A. アドバイザーはあくまでM&Aのプロセスを円滑に遂行し、ディールを成立させることが主な役割となりますが、事業会社でM&Aを推進する場合には、M&Aプロセスはあくまで一部であり、その後の事業推進こそが肝となります。そのため、いかに事業部門を巻き込みM&A後の事業推進を行っていける体制を構築できるかが、アドバイザーのときとは明確に違う点です。自分が推進したM&A案件で会社が損害を被った場合は、当然株主や社内から推進した責任を問われますので、覚悟を持って取り組まなくてはなりません。

　そこが大変なところでもあり、やりがいにつながるところでもあります。

Q. CFOとしてM&Aを経験してアドバイザーのときには見えていなかったものはありますか？

A. アドバイザーのときには、M&Aのストラクチャー検討、デュー・ディリジェンス、バリュエーション等、取締役会で決議いただくための資料準備を含めて、ディールをいかに円滑に進めるかを重点に考えていました。しかし、アドバイザーではなく当事者になると、ディールを円滑に進めるのも非常に重要なのですが、いかにM&A後の事業成長を推進できるかが重要になると実感しています。事業を成長させるには事業部門をいかに巻き込めるか、コミットを引き出せるかが肝であると感じています。事業部門からすると、既に設定されたミッションがある中で、M&Aはアドオンの業務になってしまう面があります。そのうえでコミットしてもらうためには、全社戦略の中でいかにこのM&Aが重要なのかとい

うビジョンを示し、一緒に成長して行こうというマインドを醸成することが大切だと感じています。また、カルチャーの違いを尊重し、何をどこまで共通化するのか、任せるのかなど、グループ経営は大変なところでもあり、やりがいにつながるところでもあります。

Q. M&Aの実行者と、投資銀行などのアドバイザーの向き不向きについて教えてください

A. アドバイザーには、ストラクチャーの検討や財務モデリング・バリュエーションが好きで、その専門性を追求したい、純粋にM&Aが好きだという職人気質の方が向いていると思います。

　一方、事業会社でM&Aを実行する場合は、もちろん一定の知識やスキルは求められますが、前出のように事業部門や経営陣を巻き込み、信頼関係を相手先のステークホルダーと構築できるかが肝になり、同じM&Aでも求められる役割が明確に異なります。経営マインドがあって事業推進に関心がある方は、こちらのほうが向いていると思います。

Q. M&Aやファイナンス領域の仕事に就きたい方へメッセージをお願いします。

A. M&Aは総合格闘技にたとえられるように、多角的な知識・経験・能力が求められます。また、同じ案件は1つとしてないため、常に学びがあり、成長し続けることができる魅力的なキャリアだと感じています。

　投資銀行やFASではさまざまな案件を経験し、M&Aの専門性を高め続けられるプロフェッショナルとしての魅力があります。また、事業会社では経営視点でM&Aを実行し、いかに人を巻き込みながら事業を推進するかというマネジメント能力が求められます。

　私はどちらも経験してみて、双方魅力的な仕事だと感じています。非常に優秀な方が多い業界で、求められる水準も高いため、特に最初はなかなか成果につながらず、苦しいことも多いと思いますが、やりがいもある仕事だと思いますので、ぜひ前向きに業務に取り組んでいただきたいと思います。

2 投資銀行キャリア編
〜日系投資銀行と外資系投資銀行、双方を経験したから言える両者の違い〜

株式会社FINAX
代表取締役 岡崎祐介 氏

　新卒で野村證券に入社し、スタートアップの上場支援とM&Aアドバイザリー業務に従事する。その後、外資系投資銀行であるグリーンヒルとクレディ・スイスの2社でM&A業務に従事した後、現在は事業会社の子会社の代表として経営に従事する。

Q. これまでのご経歴を教えてください。

A. 大学は慶応大学経済学部で、在学中にパリ政治学院へ2年間留学して慶応大学とパリ政治学院の2つの学位を取得しました。卒業後は、野村證券の投資銀行部門に入社し、2年間はテック系スタートアップの上場支援を行っておりました。

　その後、M&Aのアドバイザリー部門に移りましたが、この頃既に転職を視野に入れていましたので、社会人3年目の初めにグリーンヒルジャパン株式会社へ転職し、M&A支援業務に従事しました。

　その後は、当時の上司の誘いを受けてクレディ・スイス証券株式会社へ転職し、M&A支援と株式の引受業務を行っていました。現在は、高校の同級生の会社の子会社代表として独立しています。

Q. それぞれの投資銀行での業務内容を教えてください

A. 野村證券ではカバレッジ部門と、エグゼキューション業務を行うプロダクト部門が完全に分かれており、私はプロダクト部門を担当しておりました。

　プロダクト部門では、カバレッジ部門で成立したディールで執行フェーズに入った案件を、ひたすら捌いていきました。

一方、グリーンヒルジャパンとクレディ・スイス証券では、案件のソーシング
からディールの完遂まで一貫して行っていました。

Q. 日系投資銀行である野村證券と外資系投資銀行であるグリーンヒルジャパン、クレディ・スイス証券では何か業務に違いはありましたか？

A. 業務の本質的なところは何も変わりはありません。

　ただ、外資がソーシングに使う時間が６割、エグゼキューションに使う時間が
４割なのに対して、野村證券のプロダクト部門の場合はソーシングを外資ほどは
行わないので、M&Aの細かな論点を知り、ディールの完遂までを行う経験は圧
倒的に多くありました。

　野村證券では、各案件で得たナレッジや雛形が豊富にあって、そのもともとあ
るものをいかに転用できるかが若手の主な仕事でした。このような体制整備の部
分では、野村證券は間違いなく業界トップ水準のファームだと感じます。

　一方、この体制が盤石であるということが転職した理由でもありまして、あま
りにも体制が整っていたので、もう少し前段階から自分でやってみたいという思
いと、大企業なので労働法を遵守しなければならず、限られた時間で仕事の幅を
拡げていくのは難しいと感じていました。

　この点、外資の場合はケースバイケースではあるものの、基本的な業務から自
分で模索する必要がありました。また、案件の獲得の仕方は外資の中でも違いが
あって、 例えばクレディ・スイスでは海外のバンカーと密に連携し、海外の知
見を豊富に取り入れているのに対して、グリーンヒルは比較的日本チームで完結
しながら進めていく形でした。

　この３社を経て、M&Aの知識を深く追求するなら野村證券、極限状況かつ不
足情報が多い中で自分の総合的な戦闘力を鍛えるなら外資系投資銀行が適してい
ると考えています。

Q. 日系と外資で投資銀行で働く人のキャラクターの違いはありましたか？

A. 野村證券のプロダクト部門にいた30歳前後のディールマネージャーくらい
の役職の人は、今まで見たことがないくらい優秀でした。相当な数の案件をこな
していて、そこで得た知識をすべて蓄えているのでM&Aの知識がとんでもなく
深い印象です。

外資系投資銀行で見てきた方々は地頭が良く、仕事を回すベースの能力が非常に高いと感じました。またグローバルの感性や人脈では秀でている方が多いです。

ただ、前出のとおりエグゼキューションに使う時間が短いので、比較的細かいM&Aの知識という点では野村證券が上かなという印象です。

Q．投資銀行（M&A）の仕事の魅力と厳しさを教えてください。

A．厳しい点は、究極のクライアントワークであるというところです。

自分たちのわがままや都合が一切きかない仕事で、お客様から連絡があったら、どんな時間だろうが対応しないといけません。これは精神的、肉体的になかなかキツイところがありますね。

一方、それを楽しむことができたら魅力に変わります。多忙な日々を過ごす中で、自分が成長できているということを感じ、達成感を感じられる人は投資銀行で働くことに向いていると思います。

Q．投資銀行で印象深かった仕事を教えてください。

A．たくさんありますが、大きな案件はもちろんのこと、やはり自分の心に刻まれるのは、自分が追い込まれて成長できた案件だったと思います。

例えば、M&Aの買い手サイドで入って他社と入札案件になったディールが、2ヵ月で3件続いたことがあります。

1ディールのタイムラインは大体2〜3週間で、この間にデューデリジェンスをやり切って入札するという繰り返しを3件行ったのです。このときは、土日を含めて全然寝る時間がありませんでした。

寝ていても電話が来たらすぐに起きられるように携帯電話を握りしめて寝ていました。しかし、この経験があったから自分の最大値のキャパシティを知ることができましたし、これを乗り切ったのだから何があっても大丈夫だろうという自信にもつながりました。若いうちに経験できて良かったと思っています。

Q．これから投資銀行（M&A）に転職・就職しようとしている方にメッセージをお願いします。

A．私は就職活動の際にいろいろな職種の方に会わせていただいたのですが、お話しをした投資銀行の方から、口数は多くないものの圧倒的なオーラと自信を感

じました。このときに、何をやりたいかよりも、自分がどうなりたいかという思いのほうが強くなり、こういう雰囲気を出せる人になりたいと感じたのです。これが、私が投資銀行を志望した理由です。

　今ならわかりますが、きっとくぐってきた修羅場や越えてきたハードルの数が、そういう雰囲気を醸し出しているのでしょうね。

　背中で語れる人になりたい、日々成長を感じられる環境に身を置きたいと思うのであれば、投資銀行はお勧めです。

　いま、この時代で経験できる一番厳しい環境の１つだと思うので、ぜひチャレンジしてみてください。

3 投資銀行＆PEファンドキャリア編
〜投資銀行とPEファンドそれぞれのキャリアの魅力と厳しさ〜

雄渾キャピタル・パートナーズ
シニア・プリンシパル　土井弘大 氏

　新卒で野村證券に入社。投資銀行部門に
おいて資金調達業務を経験の後、小売・消
費財業界の顧客に対する事業戦略立案、
M&Aやファイナンスに関する提案、案件遂
行等に幅広く携わる。2016年2月、雄渾キャ
ピタル・パートナーズに参画。

**Q. まずは、簡単にこれまでのご経歴を教えていただきつつ、なぜPEファンド
に転職しようと思ったか、このあたりからインタビューを始めさせてくださ
い。**

A. 学生時代は理系の大学院で研究者を目指していましたが、新卒ではご縁があ
り、野村證券の投資銀行部門に入社しました。全くの畑違いですが、野村證券の
パワフルなリクルーターの方々との出会いに衝撃を受け、厳しい環境で彼らのよ
うに人間力を高めていきたいと思い入社しました。

　野村證券では主にコンシューマー・リテール業界の企業様に対して、M&Aや
資金調達の提案を行うチームに在籍し、多様なお客様に関わらせていただきまし
た。

　優秀かつハードワーカーな諸先輩方に厳しく鍛えてもらいながら、お客様から
大きな仕事を任せていただける投資銀行業務にやりがいを感じていたのですが、
一方で、それが本当にやりたいことだろうか？　という漠然とした思いもありま
した。

　それで、金融業界に詳しい転職エージェントの方にキャリアの壁打ちをさせて
いただき、私のやりたいこととフィットするのではないかと現在在籍している雄
渾キャピタル・パートナーズ（以下「雄渾」）をご紹介いただきました。当時、

雄渾はできたばかりのPEファンドで、最初の投資を実行するタイミングでしたが、長年の経験と実績のあるメンバーが集まっており、投資方針や投資先企業に徹底的に寄り添う支援スタンスに強く共感し、2016年2月に参画を決めました。

Q．「投資銀行」と「PEファンド」の仕事について、類似点と違いをどんなふうに感じますか？

A． M&Aに関わるという意味では近い業界ですが、投資銀行は顧客に対し業界で勝ち残るための戦略的なM&Aをどう仕掛けていくかアドバイスを行うことが仕事になります。顧客との深いリレーションシップやその業界への深い洞察、プロダクトの専門知識をもって顧客の戦略的な意思決定の支援をする、ハードですが非常にやりがいのある仕事だと思います。

　一方、PEファンドは投資家からお金を預かり、企業に投資（M&A）を実行し、自分たち自身がリスクと責任を負い企業課題の解決と企業価値向上に取り組むという点で、大きな違いがあります。長い年月をかけて投資先企業の成長に関わり、次のパートナーにバトンをつなぐという、非常に責任の重い仕事だと認識しています。

　キャリアの観点ですと、PEファンドは比較的長期のコミットを求められる仕事であり、また同じPEファンドでもその投資スタイルはさまざまであることから、自身のやりたいことに本当にマッチする会社なのかの見極めが非常に重要だと感じています。

Q．PEファンド「雄渾キャピタル・パートナーズ」での仕事内容や同社の特徴について教えていただけますか。

A． 企業オーナーの事業承継という資本の課題、または事業成長のために外部のリソースも活用していきたいといったニーズをもつ会社へ、ファンドの投資家からお預かりした資金を活用し、事業投資という形で資本参画をさせていただきます。そして、役職員の方々とともに汗をかきながら企業価値向上の支援を行っていくという活動を行っております。

　対象企業は、拠って立つ事業の強みを持つ中堅・中小企業に特化（売上でいうと20〜200億円）しています。ファンド業界の中でのサイズ区分でいうと、スモールよりは大きく、ミドルキャップの中ではやや小さめの規模となっています。

　私どもは、こうした中堅・中小企業のオーナーや投資先企業に対して、寄り添い、信頼に基づく協働関係を構築し、自らも汗をかきその成長を支援するという考え方で活動しています。それが、いろいろな課題を抱えている日本の中堅・中小企業の「しがらみを解きほぐす」ことにつながると考えています。

Q．PEファンドの仕事を経験して、どんな仕事だと感じますか。
A．雄渾に参画して9年目となり、案件のメイン担当として、投資実行からその支援、次の資本パートナーへのバトンタッチまで、一通り経験させていただいておりますが、この仕事は本当に楽しく、日々チャレンジングな仕事であると感じると同時に、本当に責任の重い仕事だと感じます。

　私どもの仕事はいわゆる「投資」ですが、ただの投資ではなく、役職員の方々やその家族の人生、そしてこれまでその会社をつくられてきた創業家の方々の想いや歴史が存在する中で、それらをすべて含めて企業オーナーから株式を譲り受けしていますので、背負うものが非常に重く、その影響も大きい仕事です。

　この想いがこもったバトンを受け取り、企業がより良い形に発展して次のパートナーにバトンタッチできるように、役職員の方々と密に連携しながら、支援をしていきます。

　投資先企業の経営支援に関わっていますと、日々さまざまな課題と対峙することになりますので大変ではありますが、小さな課題を役職員の方々とともに解決し、その喜びを分かち合えることは嬉しく、非常にやりがいのある仕事だと感じています。

Q．PEファンド業界の現状と今後想像される変化について教えてください。
A．近年PEファンドの数が増えてきていますが、中期的にはまだまだ伸びる業界であると思っています。ここ5年程の変化を見ると、業界再編やクロスボーダー案件など大規模なM&Aの案件に長年携わられてきた投資銀行などM&Aアドバイザーの方々に加えて、M&A仲介会社の方々の躍進があり、主に中堅・中小企業のオーナーにとってM&Aがより身近になり、M&Aという選択が取りやすくなってきたと感じています。そのおかげで受け皿の選択肢の1つとなるPEファンド業界も活発になるという流れです。

　一方で、長期的にはPEファンド業界でも淘汰が進んでいくと見ています。そ

のときに生き残るファンドは、しっかりと事業成長支援ができるPEファンドであると想像しています。

Q. PEファンドの仕事はどのような人に適性があると思いますか？

A. ハードスキルの面ですと、投資の知見に加えて、ビジネス、財務、税務、法務、人事労務、銀行との折衝能力など、幅広い知見が必要となる仕事です。

最初からすべてを知っている必要はないのですが、それらを高速でキャッチアップし、社内外の方を巻き込み実行し続けられる能力とマインドがある人材に適性がある仕事です。私も9年目ですが日々学び、アウトプットすることを継続しています。

ソフト面では、企業オーナーや役職員の方々の懐に入り込むような「人間力」が、とても大事だと思います。ともに課題に立ち向かう企業オーナーや役職員の方々に、パートナーとして認めてもらい、「あの人が言うならやってみよう」と思ってもらえるような、理屈ではなく、気持ちで動いてもらえる部分が実は重要な仕事です。そのような信頼にたる、自分であるかが日々試されます。日々の業務への向き合い方、人間関係の作り方、目の前の課題から逃げない胆力、あげれば切りがないですが、全方位での能力と人格が試されます。

ハード面からソフト面まで、求められるスキルが多岐にわたるため、まずは走りながら貪欲に学び、ときに機転を利かせ、そして企業価値向上のために行ったさまざまなアウトプットを再現性のあるものに昇華していける方が、PEファンド業界で長く活躍できる人ではないかと考えています。

Q. 最後にこれからPEファンド業界に転職しようとしている方にメッセージをお願いします！

A. 今後、中堅・中小企業の企業オーナーの抱える事業承継の課題はさらに高まることが予想されるので、その受け皿になれるPEファンド業界は今後も非常にチャレンジングな環境であると感じています。

企業オーナーの想いを受け止め、資本と経営を引き継ぎ、事業成長の支援をしていきたいと思う人には、ぜひトライしていただきたいです。

5～10年という長いサイクルでビジネスが動く業界なので、ファンドを選ぶ際には自身の希望する方向性とファンドのスタンスがマッチするかどうかをよく

見極め、長期的なコミットをしたいと思える会社を選んでいただければと思います。皆さんの挑戦をお待ちしています！

4 スモールキャップPEファンドキャリア編
~スモール・マイクロキャップ投資と転職すべきPEファンドの選び方~

マラトンキャピタルパートナーズ株式会社
代表取締役／共同パートナー 小野俊法 氏

　国内最大の不動産ファンド（1兆数千億円運用）のダヴィンチ・アドバイザーズにて400億円の不動産ファンド運用を任され、ファンド運用のイロハを学んだ後、海外にてセキュリティプリンティング会社を立ち上げ、多くの投資を行う。家族の事情で帰国し、EYTASにてM&Aアドバイザリー業務に従事し、2010年ACA株式会社入社、2019年1月より日本グロース・キャピタル株式会社（GCJ）の投資メンバーのフロントトップに就任。その後、スモール・マイクロキャップのバイアウト投資を行うマラトンキャピタルパートナーズを設立、現在に至る。バイアウト投資としては日本で有数の実績を誇るファンドマネージャー。

Q．これまでのご経歴とPEファンド創業に至った経緯を教えてください。

A．最初に投資のキャリアをスタートしたのは株式会社ダヴィンチ・アドバイザーズという会社です。ここで不動産投資を学びました。

　その後、バングラデシュで不動産投資事業とセキュリティプリンティング事業でバングラデシュ出身のパートナーと一緒に起業し、それなりにうまくいったのですが、プライベートな事情で帰国する必要が出たためその事業を売却し日本に戻ってきました。

　このときの創業から事業売却に至る経験が、現在の中小企業投資、バリューアップにおいて高いリターンを出すノウハウの下地になりました。当社がPEファンド業界では極めて高いリターンを出せているのは、このときの経営および事業売却から得られた知見を応用した結果です。

　投資や経営が好きだったので帰国後は不動産ファンドではなく、バイアウトファンドに転職したいと考えたのですが、経歴から直接転職することが難しかったのでいったんBig4 FASの一角であるEY社でM&Aアドバイザリー業務経験を積み、その後ACAというPEファンドに転職（後にチームが分社化し日本グロース・キャピタルとして独立）し、再びファンドマネージャーのキャリアに戻りました。後に同社のパートナー兼投資チームヘッドとして実質的に組織をリードした後、

今のマラトンキャピタルパートナーズ（PEファンド）を立ち上げました。

当社は、国内のPEファンドでは数少ない"マイクロキャップ"や"スモールキャップ"といわれる規模の会社に投資をするファンドで、具体的にはEBITDA（利払い前・税引き前利益、減価償却の総和で求められる利益）で5,000万円〜5億円規模の案件に積極的に投資をしています。

Q. 改めてPEファンドというビジネスの流れと仕事内容の中身を教えてください。

A.「ファンドレイズ」→「投資案件発掘」→「投資実行」→「ハンズオン経営支援」→「イグジット（投資企業の売却）」という流れで業務が進みます。ファンドレイズは投資資金を集める業務です。PEファンドは少なくとも数十億円の資金を集めなければ事業がスタートできません。1号ファンドの組成は、現存のファンドからスピンアウトしてチームごと独立する場合を除き、0から数十億円の出資を集める難易度が極めて高いため成功する人はかなり限られている印象です。

続いて投資に関してですが、投資対象のソーシング（発掘）を行い、投資検討、デューデリジェンス（DD）を経て十分なリスクヘッジをしてから投資実行となります。ここまでがエントリーフェーズと呼ばれる段階です。

次に、ハンズオン経営支援というフェーズに移ります。経営支援の内容は案件ごとにさまざまで、退任したいオーナーの後継者探しやオーナーが1人で決めていた経営方針を、取締役会を設置し公平かつ円滑に決められる体制を構築するなど、多岐にわたります。あとは単純に売上を伸ばし、余計な費用（給与を除き）をカットすることで、利益を増やすことが基本的なアプローチです。

弊社の場合、投資期間はケースバイケースですが3年くらいを目安に売却先を探し始めます。イグジット（売却）フェーズでは、コンサルタントや会計士と協力して魅力的なピッチブックを作成し、より高く売れるよう進めます。

Q. PEファンドで働く魅力と厳しさを教えてください。

A. 魅力は2つあると思っています。1つ目は、多様な会社の事業経営の成功事例に触れることで、自身に経営ノウハウを蓄積できることです。私はこれまで60社ほどの投資案件を見てきましたが、いろんな会社の成功法則を内部からつ

ぶさに見られますので事業経営の解像度が高まり、大きく成長できることは非常に魅力的ですね。

　2つ目はやっぱり報酬の部分でしょう。起業するほどのリスクを取っていないにもかかわらず、投資に成功すれば億単位のキャリーボーナスが入る可能性がある点は働く方にとって大きな魅力かと思います。

　厳しい点は、同時に面白い点でもあるのですが、成果が明確に出る仕事ですので精神的にタフな場面が多くあります。

　ファンドは不確定要素の多い投資と事業経営を通じて人のお金を預かって増やすことがミッションですので、ときに厳しい場面が訪れることもあるでしょう。

Q．PEファンド業界に適性がある人はどういう人だと思いますか。

A．プロフェッショナルとしてのハードスキル（財務、戦略等の知識と実行力）能力の高さと、「寅さんのような人間性」およびタフネスすべてを兼ね備えている人です。

　「寅さん」のたとえは、人の心が分かり、好かれる人柄の人物という意味です。PEファンドでは、投資先のオーナーさんや社員さんとの人間関係がとても大切です。立場上、時には厳しいことも言わなくてはならない場面がありますが、普段から心を込めて接していれば、敵対せずに「あの人が言うならやってみよう」というように真意が伝わっていくものです。頭は良くても人の心がわからない人は、長期的な成功は難しいのではないでしょうか。

　あとはメンタルが強い人ですね。3〜4件投資すれば1件は厳しい場面がありますので、そういうときに落ち着いて乱れず成果を出しきれるかがこの仕事の重要な点です。心の持ち方として、あえてゲームをプレイする気持ちでいることも、ときに重要だと思います。目の前に困難が立ちはだかったとき、その状況を俯瞰的に見て、どうすればこの局面をクリアできるかを考えるのです。メンタルが壊れるような真剣さではなく、ゲームをクリアしていくようなチャレンジを楽しむ気持ちで臨めば、困難に打ち勝てるでしょう。

Q．PEファンド業界の報酬モデルと水準について教えてください。イグジットボーナスはどのように社員に分配するのかも気になります…。

A．ベース給料＋イグジットボーナスという報酬制度が一般的です。

　ベースはファンドによってさまざまですが、日系のスモール～ミッドキャップのファンドですと、アナリストやアソシエイトで600～1,200万円、VPは1,000～1,500万円くらい、ディレクターやMDは日系ファンドで1,500万円～2,000万円くらいでしょうか。

　パートナーになると外資系だと数千万に届くところもあるかもしれませんが、日系だと1,800～3,000万円くらいあれば良いほうだと思います。

　なので、大きく稼ぐには投資でリターンを出し、キャリーボーナスで稼がなければなりません。

　ファンドは投資家から預かった資金を増やすことに成功したら、一般的に増加分の20％を成果報酬で受け取り、それをファンド関係者で分けることになります。

　ファンド内のリターンの分け方に関してはさまざまな会社があるので１つの参考値として聞いて欲しいのですが、ファンド株主が50％、ファンド社長が20％、残りを役員や現場パートナーで役職順に分配していくというファンドをよく見かけます。パートナーの分配は１人５～８％程度、さらにその残りをディレクターやVPなど下位の職位で分けるイメージです。

Q. 最後に、PEファンド業界を目指す方にメッセージをお願いします。

A. 経営者のパートナーとして良好な人間関係を構築し、投資と経営支援により会社を成長させていく、ファンドマネージャーの仕事は非常に魅力的です。またPEファンドは、いろいろな会社の経営に数多く関わることができ、さまざまな成功事例から学べるので、好奇心旺盛な人にはとても向いている業界だと思います。

　ファンド業界への転職を希望の方に、１点キャリア上のアドバイスをするとしたら、報酬、特にキャリーボーナスがどのくらいもらえるかを知ったうえで会社を選ぶことをお勧めします。キャリーボーナスはVPくらいの職位だと平均してベースの倍以上貰える会社がある一方で、実は会社によってはほぼ０というケースもあります。入社前に、信頼できる転職エージェントなどから情報収集しておくことをお勧めします。キャリーボーナスは、だいたい入社から４～６年後、投資先企業を売却（イグジット）した際に払われるものなので、「５年間必死に働いて、もらえると思っていたキャリーボーナスが100万円だった」という話をよく耳にしますので、後悔しないよう事前調査は必須だと思います。

最後に少しPRになりますが、当社の場合はこの点を入社前に開示しています。例えば現在ファンドレイズ中の2号ファンドで1号並のリターンが維持できれば、VPでも1.5億円を超えるキャリーボーナスが入ります。この数字がファンドによってさまざまなのです。ベース給与は高いがキャリーボーナスが少ない（またはほとんど無い）という例もありますので、後悔しないようにしていただけたらと思います。皆さんのファンド業界への挑戦をお待ちしています。

5 ベンチャーキャピタルキャリア編

～テクノロジーとファイナンスが好きならベンチャーキャピタルは最高に
楽しいキャリア～

株式会社DAY1 代表取締役
フューチャーベンチャーキャピタル株式会社
社外取締役 飯田健登 氏

　野村證券株式会社並びにプルデンシャル生命保険
株式会社にて富裕層向けに金融商品の販売を行い、
社内タイトルを複数受賞。その後、SBIインベストメ
ント株式会社並びにニッセイ・キャピタル株式会社
にてファンドレイズから投資実行までの業務を担
う。シード/アーリーステージからレイターステージ
まで幅広く投資を実施。
　その後、現在の株式会社DAY1を創業し企業向け
の動画マーケティング支援事業を行う。社外活動と
しては、フューチャーベンチャーキャピタル株式会
社の社外取締役としても活動する。

**Q. どのような経緯でベンチャーキャピタリストのキャリアがスタートしたかに
触れつつご経歴を教えてください。**

A. 新卒で野村證券株式会社に入社し、営業職として主に個人の方を担当してお
りました。野村證券に入社を決めた理由は、当時から起業に興味があり、そのた
めの営業力を養いたいと考えたからです。

　次にプルデンシャル生命保険株式会社へ転職しました。ここでは完全成果報酬
でしたので、自分がどれだけやれるのか確かめてみたい気持ちがありましたし、
個人事業主として仕事をしますので、一起業家としてお客様と向き合うことも意
識していました。

　そうしているうちに「起業」「起業家」への興味がさらに増してきたため、ご
縁のあったベンチャーキャピタル（以下VC）への転職を決めました。最初に選
んだのはSBIインベストメント株式会社で、私は「未経験枠」の募集に応募して
入社することができました。VCというと経験者しか入社できないイメージをも
たれると思いますが、意外と門戸は開かれています。

　SBIインベストメント株式会社では、主に新たなファンドを設立するために投
資家に出資の依頼を行う、「ファンドレイズ」という業務を行っておりました。

具体的には、候補となる投資家の発掘・選定・投資方針の説明・出資交渉・出資契約の締結です。他には、ファンド組成後に行う実際の投資業務にも関わりました。

　次に、同じくVCであるニッセイ・キャピタル株式会社へ転職しました。ここではベンチャーキャピタリストとして主に投資業務に従事しており、「ソーシング」といわれる有望な起業家、ベンチャー企業の発掘から、投資の実行、投資実行後の投資先の育成・支援までを行っておりました。また、創業前もしくは創業間もないベンチャー企業を発掘・育成する起業家支援プログラムである「アクセラレーションプログラム」の運営にも関わっており、さまざまな起業家と接する機会に恵まれました。

　そして現在は独立し、動画制作の会社を経営しながら、2023年6月よりフューチャーベンチャーキャピタル株式会社の社外取締役として、VCの経営に携わっております。

Q. キャピタリストの仕事内容を教えてください。

A. まずは「ソーシング」といわれる投資先を探すことから始まります。

　投資家が出資したいと思うような、有望な起業家やベンチャー企業を発掘することがミッションです。その後に、発掘した企業の代表者と面談を行い、ここで実際にファイナンスの需要があるか、その場合の希望条件など、必要事項をヒアリングして投資可能性を探ります。

　その後は「投資検討フェーズ」に入り、起業家から直近の財務状況や事業計画など検討に必要な情報を提供してもらい、デューデリジェンス（DD）と呼ばれる事業・財務上の調査を行います。IPOの可能性や直近の業績、ビジネスモデルが投資に値するものであるかを判断します。

　担当者として投資検討を終え問題がなさそうであれば、VC内の幹部が集まる「投資委員会」にかけて、投資を実行するかどうか最終判断を行います。最終的に投資を実行することになったら、投資契約書を締結し投資を実行します。投資実行後は、起業家に伴走しつつ各種経営支援を行います。経営会議や取締役会へ参加し、事業成長のための示唆をしたり、人脈の紹介、営業協力、起業家との1on1ミーティングで経営戦略の壁打ち相手になるなど、多方面からのサポートを行います。

　事業が成長し、資金調達のラウンドが進んでいくにつれさまざまな課題が生まれますので、ときどきのニーズに応えながら支援を続け、ともにIPOを目指すことになります。

Q. ベンチャーキャピタルが投資により取得する株式のシェアは、何%くらいが一般的なのでしょうか？　また、投資時のバリュエーションはどのように決めるものでしょうか？

A. 　VCの出資比率はケースバイケースだと思いますがリードインベスターの場合は、15〜20%のシェアを持つことが多いです。

　バリュエーションに関しては、IPO時の想定リターンからの逆算で決めることが多いです。そこに、これまで投資してきた案件との相対比較の観点を加えバリュエーションを考えます。また、投資できるか否かのチェックポイントは、起業家を含む経営チームの質、その会社がポジションを置くマーケットサイズ（TAM）、プロダクトマーケットフィット（PMF）ができているか？　足元の業績水準などを見ています。

◆トータル アベイラブル マーケット（TAM）
TAM（Total Available Market）とは、ある市場で獲得できる可能性のある最大の市場規模のことです。具体的には、ある製品・サービスが100%の対象となる市場を獲得した際に、得られる架空の年間売上を表すために使用されます。
◆プロダクト マーケット フィット（PMF）
PMF（Product Market Fit）とは、提供しているサービスや商品が、顧客の課題を解決できる適切な市場で受け入れられている状態のことを指します。

Q. VCで働く魅力と厳しさを教えてください。

A. 　魅力は2点あります。1点目は、起業家とともに会社やサービスを大きく成長させる経験が積めることです。もちろん事業成長は起業家によって行われるわけですが、投資家であればその場面を非常に近くで見られますので、その点は非常にエキサイティングで楽しい部分です。

　2点目は、投資に成功すればまとまった金額のインセンティブ（イグジットボーナス）が得られるということです。イグジットボーナスとは投資リターンのVC社員への分配のことです。ファンドに出資した投資家との取り決めにもより

ますが、投資リターンの20～30％がファンドの売上になり、その一部を投資に関わったメンバーで分配することになります。分配条件の良いVCですと1人のキャピタリストが投資リターンの最大5％程度をもらえることがあります。

　厳しさを感じる部分は、企業のファイナンスを支援するという業務のシビアさと、投資先ソーシングの難易度の高さにあります。

　例えば、投資先が業績不振やコロナなど社会環境の大きな変化により、資金が底をつき、社員を解雇しなければならないという過酷な状況に陥ったとき、VCが追加で投資できなければ、最悪そのまま倒産してしまいます。もちろん倒産しないよう努めるのですが、そのようになる可能性があるというのは、この仕事の厳しさとして認識しておいたほうがよいと思います。

　あと、現在VCの数がかなり多くなってきており、有望な起業家は取り合いになっています。有望なスタートアップに投資できるかという競争も、この仕事の厳しさの1つでしょう。

Q．VC業界に適性がある人はどういう人だと思いますか？

A．そうですね、まずは起業家や事業に興味が強く、好奇心旺盛な方が向いていると思います。ベンチャー投資は長期戦です。投資から売却まで5年、長いと10年かかるものもあります。10年もの間、1つの会社を支援し続けるのは、起業家という人種やスタートアップが好きでないと続きません。起業家や会社の運命を一緒に背負って、長期伴走していく覚悟を持ち続けられる方が向いています。

　2つ目は、投資により大きなリターンを得ること、それを通じて経済的に成功することに思い入れがある人が向いていると思います。そうでなければ本気で良い投資をしようと思えないですし、多くの苦しい場面を乗り越えられません。

　もちろん、投資を通じて社会や起業家の役に立つという側面も大切ですが、「何が何でも投資リターンを確実に出す」という強い意志がありませんと、投資家の資金を運用するという仕事は続きません。預かったお金は絶対に増やすという、金融投資家としての覚悟が必須です。

Q．VC業界のビジネスモデルモデルと年収水準について教えてください。

A．投資家から預かった資金でベンチャー企業に投資を行い、企業価値が上がったタイミングでIPOや売却により利益を確定させる。そこから生まれたリターン

の20〜30％を、成果報酬として受け取る。これが基本的なVCのビジネスモデルです。それに加え、ファンド管理手数料として投資家から預かった資金の「数％/年」を、固定報酬として受け取ります。これがVC社員の給料やオフィスの賃料などに充てられます。

さて、VCで働く人の年収についてですが、"年俸制＋イグジットボーナス（賞与の会社もあり）"というモデルの会社が多いと思います。初めてVCに転職した方の年俸は、やや年収水準の低いVCで700万円〜900万円くらい、高いところだと1,000〜1,500万円くらいでしょうか。やはり大きいのは成果に応じて受け取れるイグジットボーナスですので、経済的に大きく報われるのは投資でリターンを出した後ということになります。

Q. 最後にVC業界を目指す方にメッセージをお願いします。

A. VCも他の産業と同じく競争の激しい業界です。キャピタリストを目指すなら自分の好きな分野を見つけてそのテーマでNo.1になりましょう。「SaaSに詳しいキャピタリストといえば○○だね」と自分の強みをベンチャー界隈で認識してもらえるようになれば、ファンドレイズも投資先発掘の際にも有利になります。キャピタリストは個人商店色が強い職種でもありますので、自己ブランディングが何より大切です。起業家に寄り添うには自分自身も自主性や起業家マインドが必要ですので、起業家のように自分自身も個として立つ意思が重要です。

いろいろ申し上げましたが、VCの仕事は非常に魅力的でエキサイティングな仕事ですので、ぜひ業界の門をたたいてください。意外と未経験者のポテンシャル採用も行われていますので、飛び込んできていただければと思います。

天職との出会い方は“星の王子さま”に学べ？

「やりたいことが見つからない」と悩むビジネスパーソンに、“星の王子さま”が１つの処方箋を示してくれています。

　アントワーヌ・ド・サン＝テグジュペリが執筆した、『星の王子さま』の中に出てくる“赤いバラ”のお話を知っていますか？

　この逸話の中に、キャリアに関する１つの真理が書かれていますので、皆さんに紹介します。

　地球にやってきた星の王子さまは、数えきれないほど咲いている赤いバラと出合って、最初はとても落胆します。

　「自分の星に残してきた、わがままで、とても手がかかるけれど、一生懸命にお世話をしてきた大好きな“赤いバラ”は決して珍しい花ではなかった」そう考えたのです。

　そのとき、“キツネ”が星の王子さまに真理を授けます。

　「きみのバラが、きみにとってかけがえのないものになったのは、きみがバラのために費やした時間のためなんだ。」

　いくらほかにたくさんのバラがあろうとも、自分が美しいと思い、一生懸命お世話をしたバラはやはり愛おしく、自分にとって一番のバラなのだと。

　これは仕事にも当てはまります。
　多くのビジネスパーソンのキャリアに関わってきましたが、1つの仕事に長い時間をかけた人の多くは、その仕事を愛しています。時間を投下すれば、誰でも一定の成果がでて、お客さんに感謝されますし、業界の仲間も増え、自然に想い入れが膨らみます。
　もし、"やりたいこと探し"に疲れることがあれば、まずは目の前の仕事に全力で取り組んでみてはどうでしょう？

　「きみのバラが、きみにとってかけがえのないものになったのは、きみがバラのために費やした時間のためなんだ。」

　今の仕事に集中することで、それが天職になるかもしれません。

第 4 章

M&A業界のキャリア をスタートさせよう

　最終章になる4章では、M&A業界のキャリアをスタート させるための具体的なアクションを考えます。

　現在おかれている状況によってアクションは変わってくる ので、本章の1〜3節の状況を想定して、それぞれ行うべき ことを考えてみます。

1 やりたいことが明確な方へ

やりたいことが明確な人は、その職種の中でどの会社に就職すべきか個別企業の調査を始めましょう。

個別企業の調査は、業界本やネット情報で全体像をつかんだうえで、業界に精通した転職エージェントや、実際にそこで働いたことのある人に接触し、生の情報を取得してください。

できるだけ多くの人から情報を収集し、偏りなく整理しましょう。

ただし、この世のすべての情報を取得することはできませんので、ある程度情報がそろえば、そこからはご縁の世界でもありますので、自身の直観も大切にしながら就職・転職活動に取り組んでください。

2 やりたいことは明確だが実現方法がわからない方へ

ここに該当する人も、意外と多いのではないでしょうか。

例えば、PEファンドに転職したいが、M&Aのスキルもないしコンサル出身でもない、どうすればたどり着けるかわからないというケースです。現状、希望の職種とかなり遠い経歴であっても、実はキャリアはいかようにでも作れます。

読者に、ファイナンスの知見があれば、FASのM&Aアドバイザリーファームで未経験者採用を行っている会社で採用される可能性があるので、一度そちらに転職し3年も経験を積めば、PEファンドへの挑戦が可能です。仮にM&Aアドバイザリーへの転職が難しい経歴なら、もう少し採用ハードルの低い事業再生コンサルやM&A仲介会社に転職し、その後M&Aアドバイザリーへ転職、そしてPEファンドへとキャリアをつなぐことができます。

事業再生やM&A仲介会社から直接転職できるPEファンドも、数は少ないですが一部あります。もし、事業再生コンサルやM&A仲介への転職も難しい場合は、それらの会社が求める経験を積むことのできる、完全未経験者採用の求人もありますので、そこで力をつけてください。このように考えると、正しい戦略を取れば、キャリアは自分次第でいかようにでも作ることができます。

また、「年収をいつまでにいくら以上稼ぎたい」「○○年までにアメリカで働き

たい」など、仕事は問わないが得たい欲求が明確である人もいるでしょう。その場合は、人材会社かそのキャリアを実現している人に、たどり着く方法を相談してください。

3 やりたいことが見つかっていない方へ

キャリアの志向性がまだ見えていない人は、下記2つの方法で自身が何を求めているかを探ってください。

いずれかの方法で、やりたいことが見える人が多いのでぜひ試してください。

①M&A関連の仕事をしている人に会い続ける

単純に業界に関する情報量が少なく、仕事内容やそこで得られる環境の解像度が低いため、何をやりたいか明確にできていないだけのケースがあります。まずは、友人の中に業界の人を探し、声をかけましょう。

もし、いなければ、SNSで業界の人を見つけ連絡してみましょう。SNSの「X」で、「業界に関心があり、どんな仕事をしているかお伺いする時間をください」という趣旨が伝わる丁寧な文章でお願いすれば、10人に1人くらいは対応してくれると思います。それが難しければ、業界に精通した人材会社に、業界の人の話を聞く機会がほしいとお願いしてください。業界に精通し、実績のあるエージェントでしたら、業界に多くの友人が相当数いるはずなので、良い人を紹介してくれると思います。

②欲求から考える

人間は欲求で動く生き物です。自分が何を求めているのか、はっきりしないときは、自分の心に正直になり、紙にほしいものをすべて書き出してください。それは、プロフェッショナルとしてお客さんから尊敬されることかもしれませんし、大金を手にすることかもしれません、はたまた子供に良い教育を受けさせることかもしれません、できるだけ多く書き出してください。そして、それを優先度順に並べましょう。現時点で、強い欲求は上位のものと認識し、次は上記2節に戻り、それが得られる方法を見つけましょう。得たい結果が明確になれば、その時点で実現可能なキャリアがある程度、絞られているはずです。

社会人になると、多少なりとも人の目を気にして、行動するのが当然です。ただし、それを続けていると、自分が本当にほしいものは何かがわからなくなってしまいます。そういうときは、いったんそれらをすべて横に置き、自身の目標や夢、欲求がどこにあるかを考えてみましょう。

　そのときのコツは、「すべての目標が何でも叶う」という前提で考えてみることです。

　できそうなことの中から探すと、その時点で本当に得たいものが見えなくなりがちなので、思考実験として「この世のすべては実現可能」という前提で夢を書き出してみてください。何か気づきがあるはずです。

4 最後に

　ここまでM&A業界の動向や、キャリアについて述べてきました。最後までお読みいただき、ありがとうございました。

　お陰様で、M&Aやファンド、コンサルといった業界の採用や転職支援を生業にして12年目になりました。

　ここまでやってこられたのは、業界の皆様のお陰ですので、何か貢献できることがあればという想いで、本書の執筆を行いました。狭い業界ですので、読者の皆様とどこかで、お会いすることもあろうかと思います。その際は、お気軽にお声がけください。読者の皆様が、よりイキイキと、そしてエキサイティングに仕事へ取り組まれることを願っています。

おわりに

　「M&A Bookletシリーズは、『M&A』に関心のあるすべての方が、テーマごとにポイントを押さえ、手軽に情報を収集できるよう意図しました。業界のプロフェッショナルが専門分野を横断・団結し、『M&Aの民主化』を目指す試みです」

　本シリーズを総合監修する福谷さんから、このコンセプトをお聞きして「これは間違いなく業界の発展に寄与する」と感じ、本書執筆とあわせ、このシリーズを統括する事務局の１人として、活動させていただくことになりました。ご縁をいただいた福谷尚久さん、事務局メンバーの岩崎敦さんと平井涼真さん、そしてシリーズの企画と編集・出版をいただいている中央経済社の杉原茂樹さん、和田豊さんには、厚く御礼申し上げます。

　本書は、「M&A業界のキャリア情報をオープンにすること」を目的に、執筆しました。

　最後まで読んでいただければ、業界のキャリアに関する概略がつかめたのではないかと思います。そのうえで、「業界への転職」や「業界内でのキャリアチェンジ」を検討している方々のキャリアに関するご相談や、具体的な求人のご紹介、採用支援をご希望の際には、お気軽にご相談ください。

〈採用相談サイト〉

〈転職相談サイト〉

◇著者紹介◇

堀江 大介（ほりえ だいすけ）

ヤマトヒューマンキャピタル株式会社 代表取締役
一般社団法人日本プロ経営者協会 代表理事

　野村證券、マーケティング会社などを経てヤマトヒューマンキャピタル株式会社を創業。同社をM&AやFAS、ファンド業界における代表的な人材会社に育てる。

　その後、事業承継問題の解決には投資資金に加え「経営人材」の輩出が必要であると考え、マラトンキャピタルパートナーズCEOと共同で、一般社団法人日本プロ経営者協会を設立、代表理事に就任する。

ヤマトヒューマンキャピタル株式会社では、業界の実態がわかる情報をウェビナーやユーチューブなどで発信しておりますので、情報収集にお使いください。
　・業界のリアルが分かるウェビナー：CARINAR
　・YouTube：CARINAR/byヤマトヒューマンキャピタル-YouTube
　・堀江大介X：https://x.com/dai_horie

M&A Booklet
投資銀行、FAS、PE、VCを網羅

「M&A業界」パーフェクトキャリアブック

2024年11月25日　第1版第1刷発行

著　者	堀　江　　大　介	
発行者	山　本　　　　継	
発行所	㈱中　央　経　済　社	
発売元	㈱中央経済グループ　パブリッシング	

〒101-0051　東京都千代田区神田神保町1-35
電話　03 (3293) 3371（編集代表）
　　　03 (3293) 3381（営業代表）
https://www.chuokeizai.co.jp
印刷・製本　文唱堂印刷㈱

© 2024
Printed in Japan